KB244878

관광중국어 마스터

마스터

기본편

다락원 홈페이지에서 MP3 파일
다운로드 및 실시간 재생 서비스

관광중국어 마스터

기본편

지은이 박재승
펴낸이 정규도
펴낸곳 (주)다락원

초판 1쇄 발행 2015년 5월 29일
초판 5쇄 발행 2025년 2월 11일

기획·편집 오혜령, 이상윤, 한은혜
표지 디자인 구수정
내지 디자인 김나경, 최영란
일러스트 김진용
녹음 于海峰, 赵丽娟, 허강원

다락원 경기도 파주시 문발로 211
전화 (02)736-2031(내선 250~252/내선 430, 435)
팩스 (02)732-2037
출판등록 1977년 9월 16일 제406-2008-000007호

ISBN 978-89-277-2163-5 14720
     978-89-277-2162-8 (set)

www.darakwon.co.kr
다락원 홈페이지를 방문하시면 상세한 출판 정보와 함께 동영상 강좌, MP3 자료 등 다양한 어학 정보를 얻으실 수 있습니다.

『관광중국어 마스터 – 기본편』은 졸업 후 면세점, 항공사, 호텔 등에 취업하기를 희망하는 관련 학과 학생들 및 관련 종사자들을 위한 교재입니다. 현재 대부분의 관련 교재들은 상황별 회화에만 치중하여 다양한 표현 학습이 부족하거나, 지나치게 어려운 표현들의 나열로 회화 교재가 아닌 독해 교재로 그 용도가 변경된 경우가 많습니다. 이에 현재 재직 중인 오산대학교 관광외국어계열 학생들에게 실제 수업을 진행하면서 난이도를 조정했고, 회화 내용도 실제 상황에 최대한 부합하도록 하여 활용도를 높였습니다.

『관광중국어 마스터 – 기본편』은 공식화된 문법 지식을 최대한 배제하고, 표현 중심의 교재가 될 수 있도록 구성했습니다. 중국어 기초가 떨어지는 학생들에게 문법은 오히려 그들의 입을 닫게 하는 역할을 하는 경우를 많이 봐왔기 때문입니다. 따라서 문장 하나하나를 분석하려 하지 말고 상황별 회화를 따라 자신이 처한 상황을 극복하기 위한 표현들을 암기하고, 그것을 입에 붙도록 끊임없이 반복 훈련해야 합니다.

『관광중국어 마스터 – 기본편』은 세부적인 업무 분야에서 사용하는 중국어 표현을 학습하기 위한 징검다리 역할을 위해 기획된 교재입니다. 학생들은 취업을 위해서 HSK와 같은 언어 능력 시험만을 준비하지만 실제 업무 현장에서는 성실하게 적응하려는 노력과 더불어 고객을 만족시킬 수 있는 서비스 마인드와 실무 능력이 있는 인재를 요구하고 있습니다. 고객 서비스의 시작이 바로 원활한 의사소통 능력입니다. 본 교재가 미력하나마 학습자들에게 도움이 되기를 간절히 기원합니다. 끝으로 본 교재가 출간될 수 있도록 물심양면으로 도와주신 많은 분들께 진심이 담긴 감사의 말씀을 전하고 싶습니다.

2015년 5월

박재승

이 책의 구성

『관광중국어 마스터 – 기본편』은 세 권으로 이루어진 『관광중국어 마스터』
시리즈 중 하나로, 현지에서 겪을 수 있는 상황별, 주제별 다양한 회화를 통해
현장에서 바로 통하는 자연스러운 표현을 익히기 위한 교재입니다.

과 소개

과 제목과 해당 과에서 학습할 내용을 정리
해서 보여줍니다. 본격적인 학습에 앞서 과
전체의 학습 요점을 파악할 수 있습니다.

표현으로 새단어 익히기

각 과의 새단어를 소개하는 코너로, 단순히 단어 뿐 아니라 그 단어가 쓰인
간단한 예문도 함께 제시하여 암기에 도움이 되도록 했습니다. 단순한 단어 암
기는 언어 학습에 큰 도움이 되지 않으므로 반드시 표현을 통해 익혀야 합니다.

상황 회화 익히기

특정한 상황의 대화를 자연스러운 구어 표현으로 배울 수 있는 핵심
본문입니다. 기본이 되는 문법 요소를 담은 회화문을 통해 학습자들이
자연스러운 중국어 표현을 학습하고 의사소통을 할 수 있도록 유도합
니다. 또한 본문 내용이 연상되는 삽화를 넣어 이해를 도왔습니다.

주요 표현 파헤치기

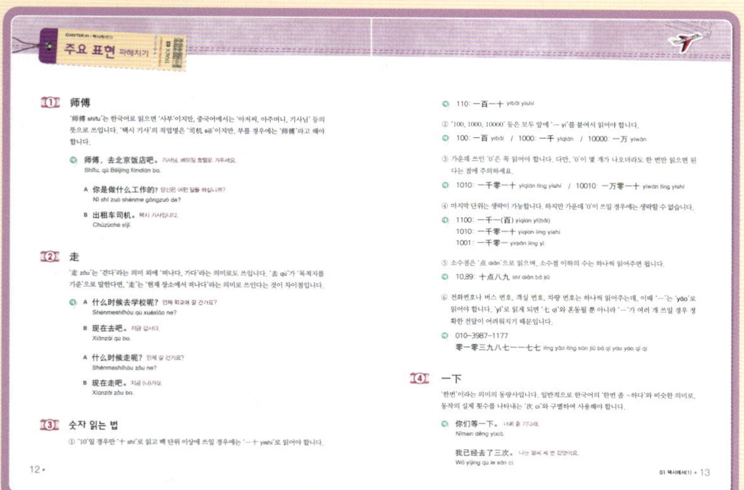

본문 회화에 포함된 핵심 문법을 자세히 설명하고 예문을 함께 제시하여 쉽게 이해할 수 있도록 정리했습니다.

응용 표현 활용하기

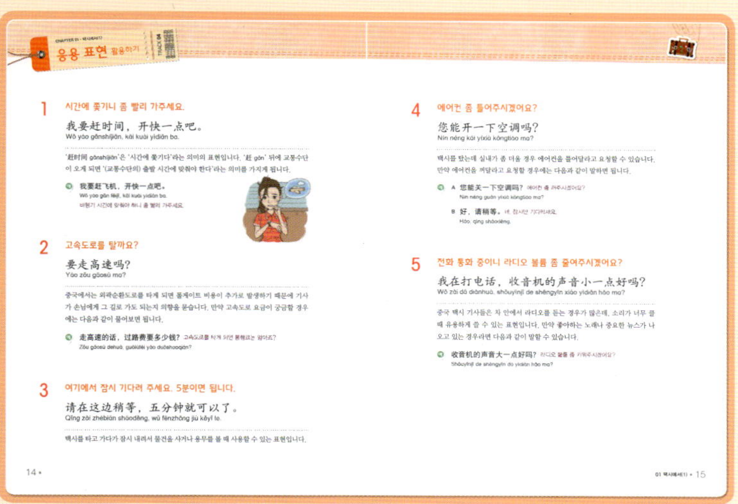

본문과 연관된 표현들로, 그 상황에서 말할 수 있는 다양한 예문들을 추가로 정리했습니다. 상황을 머릿속으로 그리면서 익혀야 실제 상황에서도 물 흐르듯 자연스러운 회화를 구사할 수 있으므로, 응용 표현을 잘 활용하면 회화 실력 향상에 큰 도움이 될 것입니다.

실력 확인하기

각 과에서 배운 핵심 표현을 이해하고 연습할 수 있는 다양한 문제들로, 성조, 단어, 어순, 듣고 쓰기, 말하기 등 전 영역을 훈련할 수 있도록 구성했습니다.

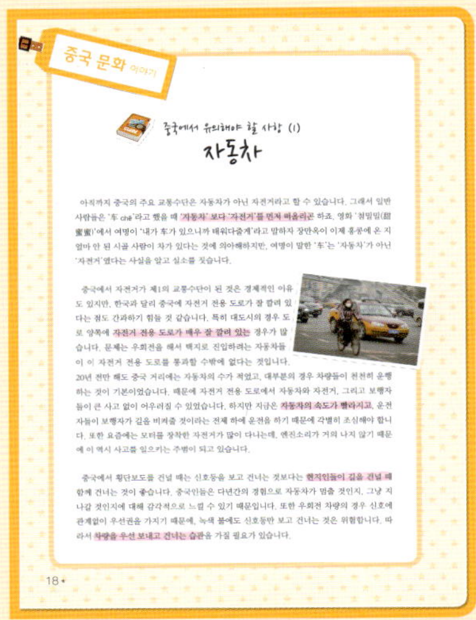

중국 문화 이야기

각 과의 학습 주제와 관련된 중국의 상황이나 문화 관련 이야기를 생생한 사진과 함께 설명했습니다. 이를 통해 중국인들의 특색 있는 문화나 현지에서 조심해야 할 점 등을 간접적으로나마 체험해볼 수 있으니 가볍게 읽어보세요.

부록

본문 '상황 회화 익히기'의 해석과 '실력 확인하기'의 모범답안을 과별로 정리했습니다.

추가 구성

미니 표현집

별책부록으로 제공되는 미니 표현집에는 본문 주제별, 상황별로 자주 쓰게 되는 회화를 정리했습니다. 본문에서 다루지 못했던 다양한 표현들을 추가로 정리했으니 휴대하고 다니면서 틈틈이 익혀보세요.

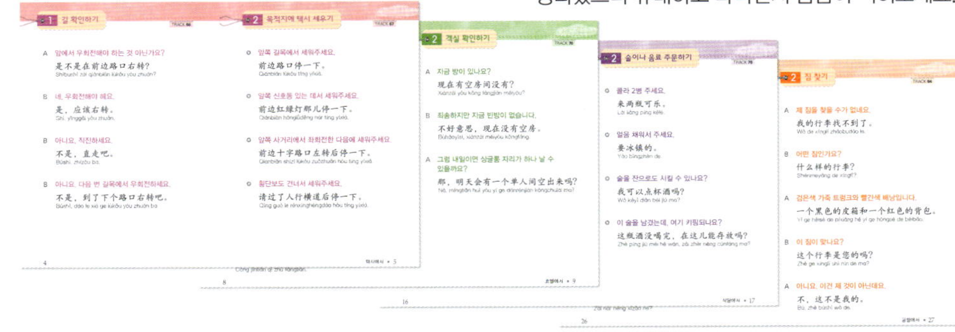

MP3 무료 다운로드 MP3 음원은 다락원 홈페이지(www.darakwon.co.kr)에서 다운로드 받으실 수 있습니다.

차례

이 책의 고유명사 표기는 다음과 같습니다.

1 이 책에 나오는 지명, 관광명소의 명칭은 중국어 발음을 한국어로 표기하였습니다. 단, 우리에게 널리 알려진 고유명사는 한국어로, 그 밖에 고유명사는 중국어로 표기하였습니다.

  예 北京 → 베이징, 长城 → 만리장성

2 인명의 경우, 각 나라에서 실제 읽히는 발음을 기준으로 하여 한국어로 그 발음을 표기하였습니다.

  예 王明 → 왕밍, 知恩 → 지은

중국어의 품사는 다음과 같은 약어로 표기하였습니다.

품사	약자	품사	약자	품사	약자
명사	명	부사	부	접속사	접
고유명사	고유	수사	수	감탄사	감
대명사	대	양사	양	조사	조
동사	동	수량사	수량	형용사	형
능원동사	능	개사	개		

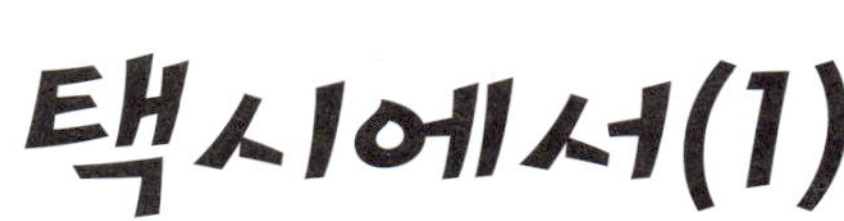

1. 기사님, (이 차) 가나요?

2. 미터기 요금으로 갑시다.

3. 우선 트렁크를 열어주세요.

4. 앞에서 세워주세요.

5. 자신의 휴대전화 번호를 말해보세요.

상황 회화 익히기

A 师傅[1]，走[2]吗？
Shīfu, zǒu ma?

B 走，您去哪儿？
Zǒu, nín qù nǎr?

A 昆仑饭店。
Kūnlún fàndiàn.

B 500[3]，怎么样？
Wǔbǎi, zěnmeyàng?

A 您在开玩笑吗？打表走吧。
Nín zài kāiwánxiào ma? Dǎbiǎo zǒu ba.

B 好，上车吧。
Hǎo, shàngchē ba.

A 您先打开车厢，能过来帮我一下[4]吗？
Nín xiān dǎkāi chēxiāng, néng guòlái bāng wǒ yíxià ma?

표현으로 새단어 익히기

TRACK 02

师傅 shīfu
명 아저씨, 아주머니, 기사님

师傅，去机场吧。
Shīfu, qù jīchǎng ba.
기사님, 공항으로 갑시다.

走 zǒu 동 걷다, (〜를) 떠나다

我们走一走吧。
Wǒmen zǒu yi zǒu ba.
우리 좀 걸읍시다.

饭店 fàndiàn 명 호텔

这附近有饭店吗?
Zhè fùjìn yǒu fàndiàn ma?
이 근처에 호텔이 있나요?

开玩笑 kāiwánxiào 동 농담하다

您别开玩笑!
Nín bié kāiwánxiào!
농담하지 마세요!

打表 dǎbiǎo 미터기를 켜다

可以打表走吗?
Kěyǐ dǎbiǎo zǒu ma?
미터기 요금으로 갈 수 있나요?

先 xiān 부 우선, 먼저

我们先坐地铁吧。
Wǒmen xiān zuò dìtiě ba.
우리 우선 지하철부터 타요.

打开 dǎkāi 동 열다, 풀다

请帮我打开门吧。
Qǐng bāng wǒ dǎkāi mén ba.
문 좀 열어주세요.

车厢 chēxiāng 명 트렁크, 화물칸

整个车厢都满了。
Zhěnggè chēxiāng dōu mǎn le.
트렁크가 꽉 찼어요.

주요 표현 파헤치기

TRACK 03

① 师傅

'师傅 shīfu'는 한국어로 읽으면 '사부'이지만, 중국어에서는 '아저씨, 아주머니, 기사님' 등의 뜻으로 쓰입니다. '택시 기사'의 직업명은 '司机 sījī'이지만, 부를 경우에는 '师傅'라고 해야 합니다.

> **예** 师傅，去北京饭店吧。 기사님, 베이징 호텔로 가주세요.
> Shīfu, qù Běijīng fàndiàn ba.
>
> **A** 你是做什么工作的? 당신은 어떤 일을 하십니까?
> Nǐ shì zuò shénme gōngzuò de?
>
> **B** 出租车司机。 택시 기사입니다.
> Chūzūchē sījī.

② 走

'走 zǒu'는 '걷다'라는 의미 외에 '떠나다, 가다'라는 의미로도 쓰입니다. '去 qù'가 '목적지를 기준'으로 말한다면, '走'는 '현재 장소에서 떠나다'라는 의미로 쓰인다는 것이 차이점입니다.

> **예 A** 什么时候去学校呢? 언제 학교에 갈 건가요?
> Shénmeshíhòu qù xuéxiào ne?
>
> **B** 现在去吧。 지금 갑시다.
> Xiànzài qù ba.
>
> **A** 什么时候走呢? 언제 갈 건가요?
> Shénmeshíhòu zǒu ne?
>
> **B** 现在走吧。 지금 (나)가요.
> Xiànzài zǒu ba.

③ 숫자 읽는 법

① '10'일 경우만 '十 shí'로 읽고 백 단위 이상에 쓰일 경우에는 '一十 yìshí'로 읽어야 합니다.

예   110: 一百一十 yìbǎi yìshí

② '100, 1000, 10000' 등은 모두 앞에 '一 yī'를 붙여서 읽어야 합니다.

예   100: 一百 yìbǎi / 1000: 一千 yìqiān / 10000: 一万 yíwàn

③ 가운데 쓰인 '0'은 꼭 읽어야 합니다. 다만, '0'이 몇 개가 나오더라도 한 번만 읽으면 된
다는 점에 주의하세요.

예   1010: 一千零一十 yìqiān líng yìshí / 10010: 一万零一十 yíwàn líng yìshí

④ 마지막 단위는 생략이 가능합니다. 하지만 가운데 '0'이 쓰일 경우에는 생략할 수 없습니다.

예   1100: 一千一(百) yìqiān yī(bǎi)
1010: 一千零一十 yìqiān líng yìshí
1001: 一千零一 yìqiān líng yī

⑤ 소수점은 '点 diǎn'으로 읽으며, 소수점 이하의 수는 하나씩 읽어주면 됩니다.

예   10.89: 十点八九 shí diǎn bā jiǔ

⑥ 전화번호나 버스 번호, 객실 번호, 차량 번호는 하나씩 읽어주는데, 이때 '一'는 'yāo'로
읽어야 합니다. 'yī'로 읽게 되면 '七 qī'와 혼동될 뿐 아니라 '一'가 여러 개 쓰일 경우 정
확한 전달이 어려워지기 때문입니다.

예   010-3987-1177
零一零三九八七一一七七 líng yāo líng sān jiǔ bā qī yāo yāo qī qī

④ 一下

'한번'이라는 의미의 동량사입니다. 일반적으로 한국어의 '한번 좀 ~하다'와 비슷한 의미로,
동작의 실제 횟수를 나타내는 '次 cì'와 구별하여 사용해야 합니다.

예   你们等一下。 너희 좀 기다려.
Nǐmen děng yíxià.

我已经去了三次。 나는 벌써 세 번 갔었어요.
Wǒ yǐjing qù le sān cì.

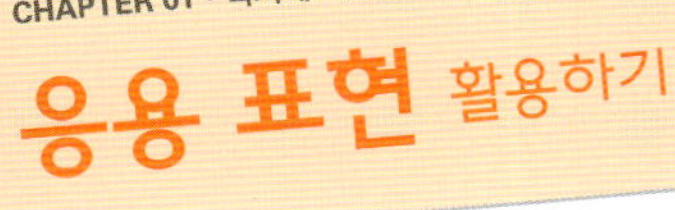

응용 표현 활용하기

1 시간에 쫓기니 좀 빨리 가주세요.

我要赶时间，开快一点吧。

Wǒ yào gǎnshíjiān, kāi kuài yìdiǎn ba.

'赶时间 gǎnshíjiān'은 '시간에 쫓기다'라는 의미의 표현입니다. '赶 gǎn' 뒤에 교통수단이 오게 되면 '(교통수단의) 출발 시간에 맞춰야 한다'라는 의미를 가지게 됩니다.

예 我要赶飞机，开快一点吧。
Wǒ yào gǎn fēijī, kāi kuài yìdiǎn ba.
비행기 시간에 맞춰야 하니 좀 빨리 가주세요.

2 고속도로를 탈까요?

要走高速吗？

Yào zǒu gāosù ma?

중국에서는 외곽순환도로를 타게 되면 톨게이트 비용이 추가로 발생하기 때문에 기사가 손님에게 그 길로 가도 되는지 의향을 묻습니다. 만약 고속도로 요금이 궁금할 경우에는 다음과 같이 물어보면 됩니다.

예 走高速的话，过路费要多少钱？ 고속도로를 타게 되면 통행료는 얼마죠?
Zǒu gāosù dehuà, guòlùfèi yào duōshaoqián?

3 여기에서 잠시 기다려 주세요. 5분이면 됩니다.

请在这边稍等，五分钟就可以了。

Qǐng zài zhèbiān shāoděng, wǔ fēnzhōng jiù kěyǐ le.

택시를 타고 가다가 잠시 내려서 물건을 사거나 용무를 볼 때 사용할 수 있는 표현입니다.

4 에어컨 좀 틀어주시겠어요?

您能开一下空调吗?
Nín néng kāi yíxià kōngtiáo ma?

택시를 탔는데 실내가 좀 더울 경우 에어컨을 틀어달라고 요청할 수 있습니다.
만약 에어컨을 꺼달라고 요청할 경우에는 다음과 같이 말하면 됩니다.

A 您能关一下空调吗? 에어컨 좀 꺼주시겠어요?
Nín néng guān yíxià kōngtiáo ma?

B 好，请稍等。 네, 잠시만 기다리세요.
Hǎo, qǐng shāoděng.

5 전화 통화 중이니 라디오 볼륨 좀 줄여주시겠어요?

我在打电话，收音机的声音小一点好吗?
Wǒ zài dǎ diànhuà, shōuyīnjī de shēngyīn xiǎo yìdiǎn hǎo ma?

중국 택시 기사들은 차 안에서 라디오를 듣는 경우가 많은데, 소리가 너무 클 때 유용하게 쓸 수 있는 표현입니다. 만약 좋아하는 노래나 중요한 뉴스가 나오고 있는 경우라면 다음과 같이 말할 수 있습니다.

收音机的声音大一点好吗? 라디오 볼륨 좀 키워주시겠어요?
Shōuyīnjī de shēngyīn dà yìdiǎn hǎo ma?

실력 확인하기

1 다음 제시된 한어병음을 단어별로 띄어 쓰고, 성조를 표기해보세요.

(1) Haoshangcheba.　　　→ ___________________________

(2) Ninqunar?　　　→ ___________________________

(3) Shenmeshihouzoune?　→ ___________________________

(4) Shifuqujichangba.　　→ ___________________________

2 괄호 안에 들어갈 적합한 단어를 보기에서 골라 적으세요.

> **보기**　　　走　　　能　　　别　　　先

(1) 您(　　　)开玩笑!

(2) 可以打表(　　　)吗?

(3) 您(　　　)打开车厢吧。

(4) (　　　)过来帮我一下吗?

3 다음 제시된 단어들을 어순에 맞게 다시 쓰세요.

(1) 这边/请/稍等/在　　　→ ___________________________

(2) 的/收音机/小一点/声音/好吗 → ___________________________

(3) 高速/要/吗/走　　　→ ___________________________

(4) 饭店/这/有/附近/吗　→ ___________________________

4 괄호 안에 들어갈 적합한 단어를 적으세요.

(1) 你们等(　　　　)。 너희 좀 기다려.

(2) 我要(　　　　)时间，开快(　　　　)吧。 시간에 쫓기니 좀 빨리 가주세요.

(3) 我已经去了三(　　　　)。 나는 벌써 세 번 갔었어요.

(4) 整个车厢都(　　　　)了。 트렁크가 꽉 찼어요.

5 녹음을 듣고 다음 대화를 완성하세요. `TRACK 05`

(1)　**A**　我们怎么走呢？

　　　B　____。

(2)　**A**　你是做什么工作的？

　　　B　____。

(3)　**A**　您能关一下空调吗？

　　　B　____。

6 다음 아라비아 숫자를 중국어로 써보세요.

(1) 3050　　　　　　→　________________________________

(2) 10010　　　　　→　________________________________

(3) 5.75　　　　　　→　________________________________

(4) 010-3147-5567　→　________________________________

중국에서 유의해야 할 사항 (1)
자동차

아직까지 중국의 주요 교통수단은 자동차가 아닌 자전거라고 할 수 있습니다. 그래서 일반 사람들은 '车 chē'라고 했을 때 '자동차' 보다 '자전거'를 먼저 떠올리곤 하죠. 영화 '첨밀밀(甜蜜蜜)'에서 여명이 '내가 车가 있으니까 태워다줄게'라고 말하자 장만옥이 이제 홍콩에 온 지 얼마 안 된 시골 사람이 차가 있다는 것에 의아해하지만, 여명이 말한 '车'는 '자동차'가 아닌 '자전거'였다는 사실을 알고 실소를 짓습니다.

중국에서 자전거가 제1의 교통수단이 된 것은 경제적인 이유도 있지만, 한국과 달리 중국에 자전거 전용 도로가 잘 깔려 있다는 점도 간과하기 힘들 것 같습니다. 특히 대도시의 경우 도로 양쪽에 자전거 전용 도로가 매우 잘 깔려 있는 경우가 많습니다. 문제는 우회전을 해서 택지로 진입하려는 자동차들이 이 자전거 전용 도로를 통과할 수밖에 없다는 것입니다. 20년 전만 해도 중국 거리에는 자동차의 수가 적었고, 대부분의 경우 차량들이 천천히 운행하는 것이 기본이었습니다. 때문에 자전거 전용 도로에서 자동차와 자전거, 그리고 보행자들이 큰 사고 없이 어우러질 수 있었습니다. 하지만 지금은 자동차의 속도가 빨라지고, 운전자들이 보행자가 길을 비켜줄 것이라는 전제 하에 운전을 하기 때문에 각별히 조심해야 합니다. 또한 요즘에는 모터를 장착한 자전거가 많이 다니는데, 엔진소리가 거의 나지 않기 때문에 이 역시 사고를 일으키는 주범이 되고 있습니다.

중국에서 횡단보도를 건널 때는 신호등을 보고 건너는 것보다는 현지인들이 길을 건널 때 함께 건너는 것이 좋습니다. 중국인들은 다년간의 경험으로 자동차가 멈출 것인지, 그냥 지나갈 것인지에 대해 감각적으로 느낄 수 있기 때문입니다. 또한 우회전 차량의 경우 신호에 관계없이 우선권을 가지기 때문에, 녹색 불에도 신호등만 보고 건너는 것은 위험합니다. 따라서 차량을 우선 보내고 건너는 습관을 가질 필요가 있습니다.

CHAPTER 02

택시에서(2)

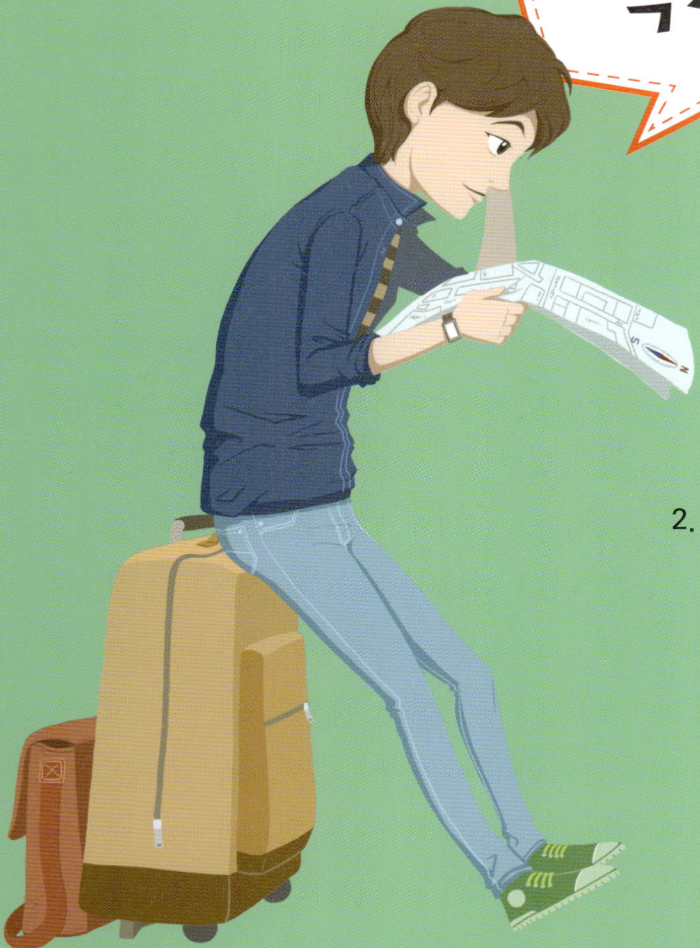

1. 가는 길 아세요?

2. 앞쪽 길에서 우회전해주세요.

3. 앞쪽에서 유턴해주세요.

4. 길가에 세워주세요.

5. 영수증 발급해주세요.

상황 회화 익히기

TRACK 06

A 您认路吗? 我不太清楚。
Nín rènlù ma? Wǒ bútài qīngchu.

B 您先看看这张地图吧①。
Nín xiān kànkan zhè zhāng dìtú ba.

......

A 前边是五道口地铁站了, 然后怎么走呢?
Qiánbiān shì wǔdàokǒu dìtiězhàn le, ránhòu zěnme zǒu ne?

B 师傅, 前边路口先往右拐吧②。
Shīfu, qiánbiān lùkǒu xiān wǎng yòu guǎi ba.

A 然后呢?
Ránhòu ne?

B 前边路口掉个头吧, 好了, 靠边③停一下。
Qiánbiān lùkǒu diào ge tóu ba, hǎo le, kàobiān tíng yíxià.

A 您要发票④吗?
Nín yào fāpiào ma?

B 不用了⑤, 谢谢。
Búyòng le, xièxie.

○ **认路** rènlù 길을 알다

我不太**认路**，你来带路吧。
Wǒ bútài rènlù, nǐ lái dàilù ba.
제가 길을 잘 모르니 길을 안내해주세요.

○ **地图** dìtú 명 지도

什么手机**地图**比较好用？
Shénme shǒujī dìtú bǐjiào hǎoyòng?
어떤 휴대전화 지도 어플이 쓸 만한가요?

○ **地铁站** dìtiězhàn 지하철역

这附近有**地铁站**吗？
Zhè fùjìn yǒu dìtiězhàn ma?
이 근처에 지하철역이 있나요?

○ **路口** lùkǒu 명 길목, 갈림길

从哪个**路口**进去呢？
Cóng nǎ ge lùkǒu jìnqù ne?
어떤 길로 들어가야 하나요?

○ **拐** guǎi 동 방향을 바꾸다, 꺾어 돌다

前边往哪儿**拐**呢？
Qiánbiān wǎng nǎr guǎi ne?
앞에서 어느 쪽으로 꺾어야 하나요?

○ **掉头** diàotóu 동 방향을 되돌리다

在这个路口可以**掉头**吗？
Zài zhè ge lùkǒu kěyǐ diàotóu ma?
이 길목에서 유턴이 가능한가요?

○ **靠边** kàobiān 동 길 옆으로 붙다

右方**靠边**停车吧。
Yòufāng kàobiān tíngchē ba.
오른쪽 길가에 세워주세요.

○ **发票** fāpiào 명 영수증

给我**发票**吧。
Gěi wǒ fāpiào ba.
영수증 발급해주세요.

❶ 您先看看这张地图吧。

중국 택시에는 아직 네비게이션이 없는 경우가 많으므로, 휴대전화에 지도를 다운로드 받아놓거나, 지도가 없을 경우 주변 지하철역이나 거리명으로 위치를 설명하면 됩니다.

예) 请到五道口地铁站吧。 우다오커우 지하철역으로 가주세요.
Qǐng dào wǔdàokǒu dìtiězhàn ba.

❷ 前边路口先往右拐吧。

삼거리나 사거리에서 길을 설명할 때 자주 사용하는 표현입니다. 중국에서는 길을 설명할 때 '동서남북(东南西北 dōngnánxīběi)'으로 방향을 설명하는 경우가 많습니다.

예) 前边路口往西边(东边，北边，南边)走。
Qiánbiān lùkǒu wǎng xībiān(dōngbiān, běibiān, nánbiān) zǒu.
앞쪽 길에서 서쪽(동쪽, 북쪽, 남쪽)으로 가주세요.

直走吧。 직진해주세요.
Zhí zǒu ba.

❸ 靠边

'靠 kào'는 '접근하다, 기대다'라는 뜻이기 때문에 '靠边 kàobiān'은 '길가에 대다'라는 의미가 됩니다.

예) 靠边停车吧。 길가에 차를 세워주세요.
Kàobiān tíngchē ba.

在这儿可以靠边停车吗? 여기에서 길가에 차를 댈 수 있나요?
Zài zhèr kěyǐ kàobiān tíngchē ma?

④ 发票

'发票 fāpiào'는 회사나 기관에 '영수증 처리(报销 bàoxiāo)'를 할 수 있는 공식 영수증을 말합니다. 반면 '收据 shōujù'는 수령 금액만 적은 '간이 영수증'이라고 볼 수 있습니다. 때문에 상점에서 '发票'를 요청할 경우에는 '회사명(单位名 dānwèimíng)'을 알려주어야 합니다.

예 **哪些发票可以报销呢?** 어떤 영수증이 (회사에서) 영수증 처리되나요?
Nǎxiē fāpiào kěyǐ bàoxiāo ne?

⑤ 不用了

'됐습니다, 괜찮습니다'라는 의미로, 상대의 제안을 거절할 경우에 사용합니다. '不要了 búyào le'는 너무 강한 어조의 거절이므로 피하는 것이 좋습니다.

예 A **您需要帮忙吗?** 도와드릴까요?
Nín xūyào bāngmáng ma?

B **不用了,谢谢。** 감사하지만 괜찮아요.
Búyòng le, xièxie.

응용 표현 활용하기

1 실례지만 어디에서 내리시나요?

请问，您在哪儿下车?
Qǐngwèn, nín zài nǎr xiàchē?

택시를 탔을 때, '신호등, 횡단보도'와 같이 내리는 지점에 대해 말할 때는 '在+지시물+那儿 nàr'로 표현하면 됩니다.

예 **在红绿灯那儿。** 신호등 있는 데서요.
Zài hónglǜdēng nàr.

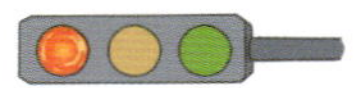

2 여기에서 거기까지 얼마나 걸리나요?

从这儿到那儿需要多长时间?
Cóng zhèr dào nàr xūyào duōcháng shíjiān?

베이징과 같은 대도시의 경우 한 번 막히기 시작하면 도착 시간을 가늠하기가 어렵습니다. 그래서 이런 질문에 기사들은 대부분 다음과 같이 대답합니다.

예 **如果不堵车，半个钟头就能到，堵车的话，就说不准了。**
Rúguǒ bù dǔchē, bàn ge zhōngtóu jiù néng dào, dǔchē dehuà, jiù shuōbuzhǔn le.
만약 안 막히면 30분이면 도착할 수 있지만, 막힌다면 확실하게 말씀드리기 어렵죠.

3 지금 차가 막힐까요?

现在会堵车吗?
Xiànzài huì dǔchē ma?

한국도 그렇지만 중국의 출퇴근 시간(上下班高峰时间 shàngxiàbān gāofēng shíjiān)에는 도로 정체가 극심하니 중요한 약속 시간에 맞추기 위해서는 서둘러서 출발하는 것이 좋습니다.

예 **A** 现在为什么这么堵车呢? 지금 왜 이렇게 차가 막히죠?
Xiànzài wèishénme zhème dǔchē ne?

B 前面好像出车祸了吧。 앞에서 사고가 있었던 것 같네요.
Qiánmiàn hǎoxiàng chū chēhuò le ba.

4 기사님, 더 빠른 길은 없나요?

师傅，没有更快的路吗?
Shīfu, méiyǒu gèng kuài de lù ma?

길이 막힐 경우 노선을 바꾸자는 요청을 할 때 쓰는 표현입니다. '有 yǒu'나 '没有 méiyǒu'로 답할 수도 있고, 다음과 같이 답할 수도 있습니다.

예 有，不过有点儿绕，您不介意，我们可以走那条路。
Yǒu, búguò yǒudiǎnr rào, nín bú jièyì, wǒmen kěyǐ zǒu nà tiáo lù.
있긴 한데 좀 돌아가는 길입니다. 괜찮으시다면 그쪽으로 갈 수도 있습니다.

5 (차를) 하루 대절하는 데 얼마죠?

包一天多少钱?
Bāo yìtiān duōshaoqián?

'包 bāo'는 '대절하다'라는 의미의 동사로, 주로 차를 대절할 때 이 표현을 씁니다.

예 明天我要包车，早上八点，到饭店门口来接我吧。
Míngtiān wǒ yào bāochē, zǎoshang bā diǎn, dào fàndiàn ménkǒu lái jiē wǒ ba.
내일 차를 대절할 겁니다. 아침 8시에 호텔 정문 앞으로 데리러 와주세요.

실력 확인하기

1 다음 제시된 한어병음을 단어별로 띄어 쓰고, 성조를 표기해보세요.

(1) Qianbianlukoudiaogetouba. → ________________________

(2) Ninrenluma? → ________________________

(3) Ranhouzenmezoune? → ________________________

(4) Youfangkaobiantingcheba. → ________________________

2 괄호 안에 들어갈 적합한 단어를 보기에서 골라 적으세요.

| 보기 | 呢 | 往 | 张 | 靠 |

(1) 您先看看这(　　　　)地图吧。

(2) 前边路口(　　　　)右拐吧。

(3) 然后(　　　　)?

(4) (　　　　)边停一下。

3 다음 제시된 단어들을 어순에 맞게 다시 쓰세요.

(1) 就/能/钟头/半/到/不/如果/个/堵车 → ________________________

(2) 这儿/从/那儿/多长时间/需要/到 → ________________________

(3) 地铁站/吧/五道口/到/请 → ________________________

(4) 靠边/可以/这儿/吗/在/停车 → ________________________

4 괄호 안에 들어갈 적합한 단어를 적으세요.

(1) (　　　　　)一天多少钱? (차를) 하루 대절하는 데 얼마죠?

(2) (　　　　　)哪个路口进去呢? 어떤 길로 들어가야 하나요?

(3) 给我(　　　　)吧。 영수증 발급해주세요.

(4) 您不(　　　　)，我们可以走那条路。 괜찮으시다면 그 길로 갈 수 있습니다.

5 녹음을 듣고 다음 대화를 완성하세요. TRACK **10**

(1) **A** ____ ?

　　B 不用了，谢谢。

(2) **A** 请问，您在哪儿下车?

　　B ____ 。

(3) **A** ____ ?

　　B 前面好像出车祸了吧。

6 다음 상황을 떠올리면서 중국어로 말해보세요.

(1) 자신이 길을 잘 모르니 안내해달라고 요청하는 상황

(2) 휴대전화 지도 어플 중 어떤 것이 쓸 만한지 묻는 상황

(3) 이 길목에서 유턴이 가능한지 묻는 상황

중국에서 유의해야 할 사항 (2)
위생

중국 남방 쪽으로 여행을 하다 보면 물컵에 물을 따른 후 젓가락을 씻는 경우를 쉽게 볼 수 있습니다. 이는 그쪽 지방 사람들의 위생 관념이기 때문에 그에 대해서 우리의 위생 방식을 강요하는 것은 적당하지 않다고 봅니다. 자기 나라의 문화 방식을 기준으로 남의 것을 판단하는 것이 아니라 그들의 문화를 그대로 수용하는 자세가 훨씬 더 바람직하기 때문입니다.

예전에 비해서 중국의 위생 관념은 많이 개선되었고, 어떤 부분에서는 한국보다 훨씬 더 철저히 따지는 경우도 있습니다. 예를 들어, 대리 운전 기사들이 운전을 하러 와서 시트에 비닐을 씌우고, 신발에도 역시 비닐을 씌운 후 운전대를 잡는 경우도 있습니다. 한국의 기준으로 보면 심하다고 볼 수도 있지만 이 역시 그들의 문화이기에 옳고 그름을 논하는 것은 옳지 않을 것입니다.

하지만 중국의 공용 화장실에는 아직 화장지가 없는 경우가 많고, 4성급 호텔에도 비데가 설치되어 있지 않은 경우도 있기 때문에 화장지와 물티슈를 챙기는 것이 좋습니다. 또한 중국 식당에는 물티슈나 물수건이 반드시 구비되어 있지는 않으므로 여행 시 더러워진 손을 닦고 싶다면 물티슈를 소지하는 편이 좋습니다. 그리고 식당의 식탁이 지저분한 경우도 많은데, 이때 소지하고 있던 물티슈로 한 번 닦는 것도 스스로의 쾌적한 식사 환경을 위해 좋은 방법이라고 볼 수 있습니다.

03

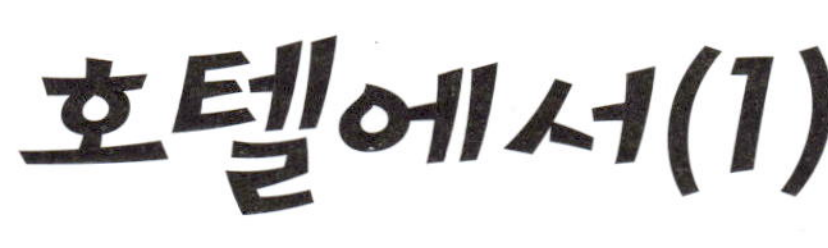

1. 실례지만 객실이 있나요?

2. 어떤 객실을 원하시나요?

3. 며칠 묵으실 건가요?

4. 1인실도 괜찮습니다.

5. 엑스트라 베드를 넣을 수 있나요?

상황 회화 익히기

TRACK 11

A 您好，北京饭店。
Nín hǎo, Běijīng fàndiàn.

B 请问，有房间吗？
Qǐngwèn, yǒu fángjiān ma?

A 您要什么样的房间？
Nín yào shénmeyàng de fángjiān?

B 标准间①。
Biāozhǔnjiān.

A 对不起，现在只有②单人间。
Duìbuqǐ, xiànzài zhǐyǒu dānrénjiān.

B 那也行③，开房吧。
Nà yě xíng, kāifáng ba.

A 请稍等，这张入住登记卡先填一下吧。
Qǐng shāoděng, zhè zhāng rùzhù dēngjìkǎ xiān tián yíxià ba.

표현으로 새단어 익히기

房间 fángjiān 명 방, 객실

最近**房间**预订很紧张。
Zuìjìn fángjiān yùdìng hěn jǐnzhāng.
요즘 객실 구하기가 힘들어요.

什么样 shénmeyàng 대 어떠한

您要**什么样**的床？
Nín yào shénmeyàng de chuáng?
어떤 스타일의 침대를 원하시나요?

标准间 biāozhǔnjiān 명 일반실

标准间可以加床吗？
Biāozhǔnjiān kěyǐ jiāchuáng ma?
스탠다드룸에 엑스트라 베드를 넣을 수 있나요?

单人间 dānrénjiān 1인용 객실

单人间都租出去了。
Dānrénjiān dōu zū chūqu le.
1인실은 다 나갔습니다.

行 xíng 동 좋다, 괜찮다

没有带浴室的单人间也**行**。
Méiyǒu dài yùshì de dānrénjiān yě xíng.
욕실이 딸리지 않은 1인실도 괜찮아요.

开房 kāifáng 객실을 잡다

现在可以**开房**吗？
Xiànzài kěyǐ kāifáng ma?
지금 객실을 잡을 수 있나요?

入住登记卡 rùzhù dēngjìkǎ 호텔 투숙카드

入住登记卡需要填手机号码吗？
Rùzhù dēngjìkǎ xūyào tián shǒujī hàomǎ ma?
투숙카드에 휴대전화 번호를 적어야 하나요？

填 tián 동 기입하다, 써넣다

这样**填**可以吗？
Zhèyàng tián kěyǐ ma?
이렇게 써넣으면 되나요?

① 标准间

'标准间 biāozhǔnjiān'은 '일반실, 스탠다드룸'으로, 싱글 침대 두 개가 나란히 놓인 구조를 말합니다. '单人间 dānrénjiān'은 '1인실, 싱글룸'으로 더블 침대가 놓여 있으며, 일반적으로 가격도 스탠다드룸보다는 비쌉니다.

예 套间 tàojiān 스위트룸

豪华套间 háohuá tàojiān 로얄스위트룸

② 现在只有

'现在只有…… Xiànzài zhǐyǒu……'는 '지금 ~밖에 없다'라는 표현입니다. 이 경우에는 '只(단지)+有(있다)'로 분리되어 쓰인 것인데, '只有'가 하나의 단어로 쓰일 경우에는 '단지 ~할 수밖에 없다'라는 의미의 부사로도 쓰입니다.

예 现在只有美金。 지금 달러 밖에 없습니다.
Xiànzài zhǐyǒu měijīn.

自己不会，只有请别人帮忙。 스스로 못하면 다른 사람한테 도움을 청할 수밖에 없죠.
Zìjǐ bú huì, zhǐyǒu qǐng biérén bāngmáng.

③ 那也行

'那也行 Nà yě xíng'은 '그것도 괜찮다, 그것도 좋다'라는 의미로, 상대의 제안에 동의할 때 주로 쓰는 표현입니다. 본문과 달리 다음과 같이 요청할 수도 있습니다.

예 A 对不起，现在只有单人间。 죄송하지만, 지금은 싱글룸 밖에 없습니다.
Duìbuqǐ, xiànzài zhǐyǒu dānrénjiān.

B 单人间不行，我们两个男人一起住，能不能腾出一间来?
Dānrénjiān bùxíng, wǒmen liǎng ge nánrén yìqǐ zhù, néng bu néng téngchū yì jiān lái?
싱글룸은 안 되는데요. 우리 남자 둘이 함께 써야 하거든요. 방을 하나 뺄 수 없을까요?

'能不能腾出一间来? *Néng bu néng téngchū yì jiān lái?*'에서 '腾出……来 *téngchū…… lái*'는 방이나 비행기표 등을 '변통해서 구하다, 빼내다'라는 의미입니다. 호텔이나 공항에 특별한 친분이 있는 사람에게 부탁할 때 쓰는 표현으로, 간혹 이런 식으로 운 좋게 방이나 표를 구할 수도 있습니다.

火车票，能不能腾出一张来? 기차표를 한 장 뺄 수 있을까요?
Huǒchēpiào, néng bu néng téngchū yì zhāng lái?

机票，能不能腾出一张来? 비행기표를 한 장 뺄 수 있을까요?
Jīpiào, néng bu néng téngchū yì zhāng lái?

응용 표현 활용하기　TRACK 14

1　실례지만 하루 묵는 데 얼마죠?

请问，住一天多少钱?

Qǐngwèn, zhù yìtiān duōshaoqián?

호텔 방 가격을 물을 때 쓰는 표현으로, 다음과 같이 말할 수도 있습니다.

> 예　**请问，住一晚多少钱?**　실례지만 하루 저녁 묵는 데 얼마죠?
> Qǐngwèn, zhù yìwǎn duōshaoqián?

2　방은 예약하셨나요?

您预订了房间了吗?

Nín yùdìng le fángjiān le ma?

호텔 프런트에 지금 방이 있는지 물었을 때 예약 여부를 확인하는 표현입니다. 예약을 했을 경우 다음과 같이 답하면 됩니다.

> 예　**是，我用李科长的名义来预订的。**　네, 이 과장 명의로 예약했습니다.
> Shì, wǒ yòng Lǐ kēzhǎng de míngyì lái yùdìng de.

3　며칠 묵으실 건가요?

您要住几天?

Nín yào zhù jǐ tiān?

대답은 '一天 yìtiān(1박)', '两天 liǎngtiān(2박)' 등으로 하면 됩니다. 중국은 체크인할 때 보증금을 내는데, 이 보증금은 '숙박요금+α'의 금액입니다. 보증금이 얼마인지 묻는 표현은 다음과 같습니다.

> 예　**住一天，押金是多少?**　하루 묵을 건데, 보증금은 얼마인가요?
> Zhù yìtiān, yājīn shì duōshao?

4 엑스트라 베드를 넣을 수 있나요?

可以加床吗?
Kěyǐ jiāchuáng ma?

일부 호텔에서는 방에 엑스트라 베드를 추가해서 사용할 수도 있습니다. 만약 엑스트라 베드 추가 비용을 알고 싶다면 다음과 같이 질문하면 됩니다.

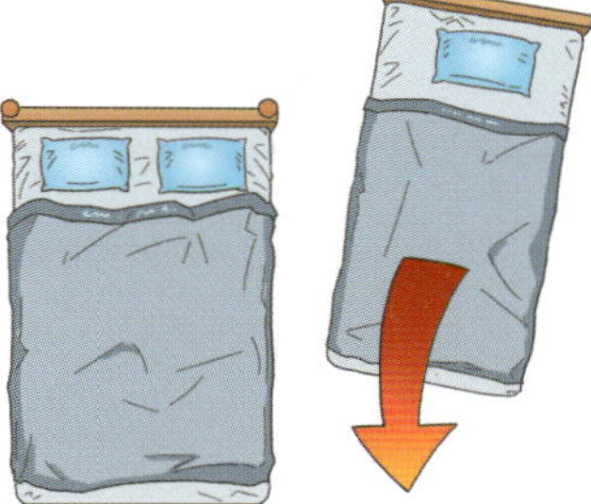

예 加一张床要加多少钱?
Jiā yì zhāng chuáng yào jiā duōshaoqián?
엑스트라 베드 하나를 추가하려면 얼마를 더 내야 하나요?

5 체크아웃하고 싶습니다.

我要退房。
Wǒ yào tuìfáng.

보통 체크아웃을 할 때 숙박요금과 전화비, 미니바 사용료 등을 차감하고 보증금을 돌려줍니다. 미니바 사용 여부에 대한 질문과 답은 다음과 같이 할 수 있습니다.

예 A 您用过小冰箱吗? 미니바를 사용하셨나요?
Nín yòngguo xiǎobīngxiāng ma?

B 用过。 사용했습니다.
Yòngguo.

B 没用过。 사용하지 않았습니다.
Méi yòngguo.

실력 확인하기

1 다음 제시된 한어병음을 단어별로 띄어 쓰고, 성조를 표기해보세요.

(1) Keyijiachuangma? → ________________

(2) Zuijinfangjianyudinghenjinzhang. → ________________

(3) Xianzaizhiyoubiaozhunjian. → ________________

(4) Danrenjianyexing. → ________________

2 괄호 안에 들어갈 적합한 단어를 보기에서 골라 적으세요.

> **보기** 　　名义　　　加　　　开　　　住

(1) 您要(　　　　)几天?

(2) 我用李科长的(　　　　)来预订的。

(3) 现在可以(　　　　)房吗?

(4) (　　　　)一张床要(　　　　)多少钱?

3 다음 제시된 단어들을 어순에 맞게 다시 쓰세요.

(1) 需要/手机号码/填/入住登记卡/吗 → ________________

(2) 吗/房间/您/了/预定/了 → ________________

(3) 浴室/带/没有/也/单人间/的/行 → ________________

(4) 什么样/您/房间/要/的 → ________________

4 괄호 안에 들어갈 적합한 단어를 적으세요.

(1) 这样(　　　　　)可以吗？ 이렇게 써넣으면 되나요?

(2) 单人间都(　　　　　)出去了。 1인실은 다 나갔습니다.

(3) 现在(　　　　　)美金。 지금 달러 밖에 없습니다.

(4) 火车票，能不能(　　　　　)出一张来？ 기차표를 한 장 뺄 수 있을까요?

5 녹음을 듣고 다음 대화를 완성하세요. TRACK 15

(1) A 现在只有单人间。

　　 B ＿＿＿＿＿＿＿＿＿＿＿＿＿＿＿＿＿＿＿＿＿＿＿＿＿＿＿＿＿。

(2) A ＿＿＿＿＿＿＿＿＿＿＿＿＿＿＿＿＿＿＿＿＿＿＿＿＿＿＿＿＿？

　　 B 没用过。

(3) A ＿＿＿＿＿＿＿＿＿＿＿＿＿＿＿＿＿＿＿＿＿＿＿＿＿＿＿＿＿？

　　 B 一共三千块。

6 다음 조건에 맞춰 호텔 객실을 잡아보세요.

스탠다드룸 / 엑스트라 베드 추가 / 1박 보증금 가격 확인

중국에서 유의해야 할 사항 (3)

도난

만원 지하철에서 한 여성이 최신 휴대전화로 통화를 하고 있는데, 손 하나가 쑥 나오더니 그 휴대전화를 채어 가는 것을 직접 목격한 중국 친구의 이야기를 들은 적이 있습니다. 중국에는 분실이나 도난당한 휴대전화를 불법으로 개통해주는 업체들이 난립해 있는 상황입니다. 따라서 식당이나 공공장소에서 휴대전화를 보이는 곳에 올려놓거나, 휴대전화를 두고 화장실에 가는 행동은 각별히 주의해야 합니다.

공항이나 사람들이 붐비는 거리에서도 도난에 유의해야 합니다. 보통 여행을 갈 때 허리에 매는 가방에 휴대전화와 지갑, 여권 등을 함께 보관하는 경우가 있는데, 이는 자신을 잠재적인 도난에 노출시키는 행동이라고 할 수 있습니다. 현금은 반드시 분산 보관하고, 사람이 많은 곳에서는 휴대전화도 되도록 꺼내지 않는 것이 좋습니다.

신용카드 복제에도 신경을 써야 합니다. 여행하며 사용했던 카드가 자신도 모르는 사이에 복제되어 쓰이는 경우도 있기 때문입니다. 이 때문에 귀국 후에 신용카드를 일시 정지시키거나 아예 재발급 받기도 하는데 이는 상당히 번거로운 일이 아닐 수 없습니다. 그러므로 카드사에 출입국 정보 활용 동의 서비스를 신청하는 것이 좋습니다. 이는 카드사와 출입국 관리소의 정보가 연동되는 개념으로, 신용카드 소유주가 귀국한 후 해외에서 카드가 사용되었을 경우 이에 대한 승인이 거절되는 서비스입니다. 카드 소유주가 다시 출국하는 경우에는 카드사에 전화로 문의하면 다시 카드 사용이 가능합니다. 무료로 제공되는 서비스이니 활용해보시기 바랍니다.

04

호텔에서(2)

1. 여보세요? 프런트죠?

2. 무선 네트워크 비밀번호가 어떻게 되죠?

3. 내일 아침에 모닝콜을 해주실 수 있을까요?

4. 외선 전화를 걸려면 어떻게 해야 하나요?

5. 더 필요한 것이 있으신가요?

상황 회화 익히기

A 喂，服务总台吗？
Wéi, fúwù zǒngtái ma?

B 是的，有什么需要帮忙吗[1]？
Shìde, yǒu shénme xūyào bāngmáng ma?

A 我要用无线网络[2]，密码是多少？
Wǒ yào yòng wúxiàn wǎngluò, mìmǎ shì duōshao?

B HOTEL123[3]，听清楚了吗？
HOTEL yāo èr sān, tīng qīngchu le ma?

A 听清楚了，明天早上七点叫早好吗[4]？
Tīng qīngchu le, míngtiān zǎoshang qī diǎn jiàozǎo hǎo ma?

B 可以，还要别的吗[5]？
Kěyǐ, hái yào biéde ma?

A 没有，谢谢。
Méiyǒu, xièxie.

B 不客气。
Bú kèqi.

표현으로 새단어 익히기

喂 wéi 〔감〕 여보세요?

喂, 您是王先生吗?
Wéi, nín shì Wáng xiānsheng ma?
여보세요? 왕 선생님이신가요?

服务总台 fúwù zǒngtái
(호텔) 프런트

服务总台的电话是多少?
Fúwù zǒngtái de diànhuà shì duōshao?
프런트 전화번호가 어떻게 되죠?

需要 xūyào 〔동〕 필요하다, 요구되다

您**需要**点什么?
Nín xūyào diǎn shénme?
뭐 필요한 게 있으신가요?

无线网络 wúxiàn wǎngluò
무선 네트워크

房间里可以用**无线网络**吗?
Fángjiān li kěyǐ yòng wúxiàn wǎngluò ma?
방에서 무선 네트워크를 사용할 수 있나요?

密码 mìmǎ 〔명〕 비밀번호, 암호

这台电脑的**密码**是多少?
Zhè tái diànnǎo de mìmǎ shì duōshao?
이 컴퓨터 비밀번호가 어떻게 되죠?

叫早 jiàozǎo 모닝콜

您申请了明天**叫早**了吗?
Nín shēnqǐng le míngtiān jiàozǎo le ma?
내일 모닝콜을 신청해두셨나요?

① 有什么需要帮忙吗?

'有什么需要帮忙吗? Yǒu shénme xūyào bāngmáng ma?'는 '뭐 도와드릴 게 있나요?'라는
표현으로, 주로 서비스를 하는 입장에서 많이 쓰는 표현입니다. '有什么需要……吗?'는
다른 표현으로도 활용이 가능하니 기억해두는 것이 좋습니다.

예 **有什么需要注意的吗?** 뭐 주의할 게 있나요?
Yǒu shénme xūyào zhùyì de ma?

有什么需要修理的吗? 뭐 수리할 게 있나요?
Yǒu shénme xūyào xiūlǐ de ma?

② 无线网络

'무선 네트워크'라는 의미로, 호텔이나 공항 등 공공장소에서 공용으로 사용할 수 있는 무선 랜
을 가리킵니다. 노트북에 유선으로 연결할 수 있는 랜선은 '网线 wǎngxiàn'이라고 부릅니다.

예 **无线网络，在这儿可以用吗?** 무선 네트워크를 여기에서 쓸 수 있나요?
Wúxiàn wǎngluò, zài zhèr kěyǐ yòng ma?

你们那儿有网线吗? 당신 쪽에는 랜선을 가지고 있나요?
Nǐmen nàr yǒu wǎngxiàn ma?

③ HOTEL123

'전화번호, 차량 번호, 객실 번호, 비밀번호' 등을 말할 때는 '一'를 'yāo'로 읽어야 합니다.
'yī'로 읽으면 '七 qī'와 발음이 비슷해서 혼동할 수 있기 때문입니다.

④ 明天早上七点叫早好吗?

중국어에서 '모닝콜'이라는 단어는 영어의 'morning call'을 직역한 '叫早 jiàozǎo'도 있고, 그것을 의역한 '叫醒 jiàoxǐng'도 있습니다. '叫醒'을 쓸 경우에는 목적어인 '我'를 뒤에 써야 한다는 점에 주의해야 합니다.

예 **明天早上七点叫醒我好吗?** 내일 아침 일곱 시에 저를 깨워주시겠어요?
Míngtiān zǎoshang qī diǎn jiàoxǐng wǒ hǎo ma?

⑤ 还要别的吗?

'더 필요한 것이 있으신가요?'라는 의미의 표현인데, 패스트푸드점이나 식당에서 메뉴를 주문하고 나면 그 이외에 더 필요한 것이 있는지 덧붙여 묻는 질문입니다.

예 A **我要一个汉堡包和一杯可乐。** 햄버거 하나랑 콜라 한 잔 주세요.
Wǒ yào yí ge hànbǎobāo hé yì bēi kělè.

B **还要别的吗?** 더 필요한 것이 있으신가요?
Hái yào biéde ma?

1 좋은 아침입니다. 박 선생님. 말씀하신 모닝콜 전화입니다.

早上好，朴先生，这是您的叫醒电话。
Zǎoshang hǎo, Piáo xiānsheng, zhè shì nín de jiàoxǐng diànhuà.

프런트에 모닝콜을 부탁했을 때 이런 내용의 아침 인사 전화를 받게됩니다.

2 외선 전화를 걸려면 어떻게 해야 하나요?

我要打外线，怎么打呢？
Wǒ yào dǎ wàixiàn, zěnme dǎ ne?

'外线 wàixiàn'은 호텔 밖 외선 전화를, '内线 nèixiàn'은 호텔 내에서의 전화를 의미합니다. 일반적으로 객실에서 외선 전화를 걸 경우에는 '9'나 '0'을 먼저 누르고 전화번호를 누르면 됩니다.

A 我要打长途电话，怎么打呢？ 장거리 전화를 걸려면 어떻게 해야 하나요?
Wǒ yào dǎ chángtú diànhuà, zěnme dǎ ne?

B 先拨零，然后拨电话号码吧。 먼저 '0'을 누른 후 전화번호를 누르시면 됩니다.
Xiān bō líng, ránhòu bō diànhuà hàomǎ ba.

3 실례지만 발신자 부담으로 거실 건가요, 수신자 부담으로 거실 건가요?

请问，这是自己付费还是对方付费电话？
Qǐngwèn, zhè shì zìjǐ fùfèi háishi duìfāng fùfèi diànhuà?

국제전화를 객실이 아닌 프런트에서 걸고자 할 때 이런 질문을 받게 됩니다. 상황에 따라서 다음과 같이 대답하면 됩니다.

 自己付费。 제가 낼 겁니다.(발신자 부담입니다.)
Zìjǐ fùfèi.

对方付费。 수신자 부담입니다.
Duìfāng fùfèi.

4 잠시 나가려고 하는데 여기에 짐을 맡길 수 있나요?

我要出去一下，在这儿能寄存行李吗?
Wǒ yào chūqù yíxià, zài zhèr néng jìcún xíngli ma?

호텔에서 체크아웃을 한 후 비행기 시간까지 여유가 있을 경우 프런트에 짐을 잠시 맡기고 돌아다닐 수 있습니다. 이럴 경우 고객에게 '寄存行李牌儿 jìcún xínglipáir (수하물 보관증)'을 주는데, 나중에 짐을 찾을 때 꼭 필요하므로 잃어버리지 않도록 주의해야 합니다.

예 A **我要出去一下，在这儿能寄存行李吗?**
Wǒ yào chūqù yíxià, zài zhèr néng jìcún xíngli ma?
잠시 나가려고 하는데 여기에 짐을 맡길 수 있나요?

B **可以。请带好寄存行李牌儿。**
Kěyǐ. Qǐng dài hǎo jìcún xínglipáir.
가능합니다. 수하물 보관증을 잘 챙기세요.

실력 확인하기

1 다음 제시된 한어병음을 단어별로 띄어 쓰고, 성조를 표기해보세요.

⑴ Youshenmexuyaozhuyidema? → ________________

⑵ Woyaodachangtudianhua. → ________________

⑶ Woyaochuquyixia. → ________________

⑷ Fuwuzongtaidedianhuashiduoshao? → ________________

2 괄호 안에 들어갈 적합한 단어를 보기에서 골라 적으세요.

보기	多少	喂	那儿	带

⑴ (　　　)，服务总台吗?

⑵ 请(　　　)好寄存行李牌儿。

⑶ 这台电脑的密码是(　　　)?

⑷ 你们(　　　)有网线吗?

3 다음 제시된 단어들을 어순에 맞게 다시 쓰세요.

⑴ 怎么/我/打/呢/要/外线/打 → ________________

⑵ 您/的/这/叫醒/是/电话 → ________________

⑶ 能/在/这儿/行李/吗/寄存 → ________________

⑷ 帮忙/有/需要/吗/什么 → ________________

4 괄호 안에 들어갈 적합한 단어를 적으세요.

(1) 您(　　　　)点什么？ 뭐 필요한 게 있으신가요?

(2) 明天早上六点(　　　　)我好吗？ 내일 아침 6시에 모닝콜을 해주시겠어요?

(3) 请问，这是自己(　　　)还是对方(　　　)电话？
실례지만 발신자 부담으로 거실 건가요, 수신자 부담으로 거실 건가요?

(4) 房间里可以用(　　　)吗？ 방에서 무선 네트워크를 사용할 수 있나요?

5 녹음을 듣고 다음 대화를 완성하세요. TRACK 20

(1) A 我要打外线，怎么打呢？

B ____。

(2) A 明天早上七点叫早好吗？

B ____？

(3) A 无线网络的密码是多少？

B ____？

6 다음 상황을 떠올리면서 중국어로 말해보세요.

(1) 잠시 나가려고 하는데 짐을 맡길 수 있는지 물어보는 상황

(2) 여기에서 무선 네트워크를 쓸 수 있는지 물어보는 상황

(3) 내일 모닝콜을 신청해뒀는지 물어보는 상황

중국에서 유의해야 할 사항 (4)
불법 택시

공항에서 나오면 여러 중국인 택시 기사들이 접근해 오는데, 그런 택시들은 거의 대부분이 불법 영업을 하는 택시(黑车 hēichē)로, 보험에 가입되어 있지 않고 미터기 요금으로 운행을 하지도 않습니다. 이런 택시를 타면 바가지 요금을 피할 수 없으니 미터기가 장착되어 있는 지를 반드시 확인하고 타야 합니다.

택시를 이용할 때 또 한 가지 유의해야 할 점은 택시의 색깔입니다. 하늘색, 주황색, 초록색 택시는 회사 택시로서 안전한 반면, 개인 택시인 빨간색 택시나 불법 영업 택시인 검은색 택시는 여행자의 안전을 보장할 수 없습니다. 이들 택시는 택시 기사 자격증이 없는 사람들이 운행하는 경우도 많고, 기사들이 길도 익숙하지 않아서 이리저리 헤매다가 원래 요금보다 더 많이 나올 수도 있습니다. 또한 불의의 사고가 발생했을 경우 보험 처리가 힘들 수 있다는 점도 유의해야 합니다.

남쪽 지방에서는 삼륜 자동차가 택시 영업을 하는 경우도 있습니다. 대부분이 개인 사업자 개념으로, 보험 처리가 어려울 뿐 아니라 급커브를 돌 때 전복 사고의 위험도 있으니 될 수 있으면 이용을 피하는 편이 좋습니다.

2015년 현재, 베이징 기준으로 3km 이내의 기본 요금은 13위안이며, 3km~15km까지는 km당 2.3위안씩 요금이 부과되고, 15km 이상의 거리는 km당 50%의 할증이 붙습니다. 또한 23시부터 익일 5시까지는 20% 심야 할증이 붙게 됩니다. 택시가 잘 안 잡히는 지역이나 호텔에서 콜택시를 불렀을 경우에는 5위안의 콜택시 요금을 추가로 부담해야 합니다.

05

식당에서(1)

1. 모두 몇 분이신가요?

2. 지금 식당에 아직 자리가 있나요?

3. 바로 가져다드리겠습니다.

4. 차는 돈을 받나요?

5. 우선 예약 상황을 좀 확인해보겠습니다.

A 欢迎光临，一共几位？
Huānyíng guānglín, yígòng jǐ wèi?

B 七个人，有座位吗？
Qī ge rén, yǒu zuòwèi ma?

A 有，请到二楼。<u>这边请</u>[1]。
Yǒu, qǐng dào èrlóu. Zhèbiān qǐng.

B 我们一共七个人，<u>少了一把椅子</u>[2]。
Wǒmen yígòng qī ge rén, shǎo le yì bǎ yǐzi.

A 请稍等，<u>马上给您拿来</u>[3]。
Qǐng shāoděng, mǎshàng gěi nín nálai.

B <u>茶水收费吗</u>[4]？
Cháshuǐ shōufèi ma?

A 收费，<u>十块钱一壶</u>[5]。
Shōufèi, shí kuài qián yì hú.

표현으로 새단어 익히기

一共 yígòng 뷔 모두, 전부

一共多少钱?
Yígòng duōshaoqián?
다 해서 얼마죠?

少 shǎo 동 모자라다, 빠지다

饭局上总少不了喝酒。
Fànjúshang zǒng shǎobuliǎo hējiǔ.
식사 자리에는 항상 술이 빠질 수 없죠.

马上 mǎshàng 뷔 바로, 곧

您点的菜马上就好。
Nín diǎn de cài mǎshàng jiù hǎo.
주문하신 요리는 곧 다 됩니다.

收费 shōufèi 동 비용을 받다

这是收费的。
Zhè shì shōufèi de.
이건 돈을 받습니다.

座位 zuòwèi 명 자리, 좌석

现在餐厅还有座位吗?
Xiànzài cāntīng hái yǒu zuòwèi ma?
지금 식당에 아직 자리가 있나요?

椅子 yǐzi 명 의자

您先坐在椅子上吧。
Nín xiān zuò zài yǐzishàng ba.
우선 의자에 앉으세요.

拿来 nálai 동 가져오다

请拿来一双筷子，好吗?
Qǐng nálai yì shuāng kuàizi, hǎo ma?
젓가락 한 벌 가져다주시겠어요?

壶 hú 명 주전자, 병

茶水，再来一壶吧。
Cháshuǐ, zài lái yì hú ba.
차 한 주전자 더 주세요.

주요 표현 파헤치기

TRACK 23

① 这边请。

'이쪽으로 오세요'라는 의미로, 길이나 자리를 안내할 경우에 많이 사용하는 표현입니다.
'请 qǐng'은 단독으로도 쓰임새가 많으니 활용법을 익혀두는 것이 좋습니다.

예 请进 들어가세요　　请坐 앉으세요
　　qǐngjìn　　　　　　qǐngzuò

　　请慢用 천천히 드세요　　请喝茶 차 드세요
　　qǐng mànyòng　　　　qǐng hēchá

② 少了一把椅子

식당이나 카페 등 여러 사람이 앉아야 할 경우 의자가 하나 부족할 때 쓰는 표현입니다. 종업원에게 요청할 수도 있지만, 직접 주변 테이블에 빈 의자가 있는지 물을 경우 다음과 같이 말하면 됩니다.

예 这把椅子有人坐吗? 이 의자, 쓰는 사람이 있나요?
　　Zhè bǎ yǐzi yǒu rén zuò ma?

③ 马上给您拿来

'바로 가져다드리겠습니다'라는 의미의 표현입니다. 만약 종업원에게 요청하는 경우라면 다음과 같이 말할 수 있습니다.

예 这里没有餐巾纸，马上给我拿来吧。 여기 냅킨이 없네요. 바로 가져다주세요.
　　Zhèli méiyǒu cānjīnzhǐ, mǎshàng gěi wǒ nálai ba.

④ 茶水收费吗?

'……收费吗? ……shōufèi ma?'는 '~는 돈을 받는 건가요?'라고 묻는 표현입니다. 반대로 '~은 돈을 안 받나요?'라고 할 때는 '……免费吗? ……miǎnfèi ma?'라고 하면 됩니다. 만약 '~도 돈을 받는 건가요?'라고 따지는 경우라면 '……也收费吗? ……yě shōufèi ma?'라고 표현하면 됩니다.

예) **泡菜免费吗?** 김치는 돈을 안 받나요?
Pàocài miǎnfèi ma?

白开水也收费吗? 맹물도 돈을 받는 건가요?
Báikāishuǐ yě shōufèi ma?

⑤ 十块钱一壶

중국에서 단위 당 가격을 말할 때는 '가격+단위'의 순으로 말하는 것이 일반적입니다.

예) A **多少钱一斤呢?** 한 근에 얼마죠?
Duōshaoqián yì jīn ne?

B **五块钱一斤。** 한 근에 5위안입니다.
Wǔ kuài qián yì jīn.

응용 표현 활용하기

1 **우선 예약 상황을 좀 확인해보겠습니다.**

我先查一下预约情况吧。
Wǒ xiān chá yíxià yùyuē qíngkuàng ba.

예약을 받는 경우에 쓰는 표현입니다. 만약 예약한 식당이나 호텔에 왔는데, 종업원이 예약 상황에 대해서 잘 모르거나 문제가 생겼을 때는 '我'를 '你'로만 바꿔주면 됩니다.

2 **네 명이 식사할 자리를 예약하고 싶습니다.**

我想预订一张四人桌的座位。
Wǒ xiǎng yùdìng yì zhāng sì rén zhuō de zuòwèi.

한 문장에 식사할 사람의 수까지도 포함된 경제적인 표현이라고 할 수 있습니다. 만약 예약할 시간을 앞에 덧붙이면 더욱 경제적이 되겠죠.

예 **今天晚上七点，我想预订一张四人桌的座位。**
　 Jīntiān wǎnshang qī diǎn, wǒ xiǎng yùdìng yì zhāng sì rén zhuō de zuòwèi.
　 오늘 저녁 7시에 네 명이 식사할 자리를 예약하고 싶습니다.

3 **성함을 남겨주시겠어요?**

能留下您的姓名吗?
Néng liúxià nín de xìngmíng ma?

예약을 할 때는 성(姓)만 묻는 경우도 있지만 이름 전체를 묻는 경우도 있습니다. 또 다른 표현으로는 다음과 같이 말할 수도 있습니다.

예 **能告诉我您的姓名吗?** 성함을 말씀해주실 수 있나요?
　 Néng gàosu wǒ nín de xìngmíng ma?

4 여기 아동용 의자가 있나요?

这儿有儿童座椅吗?
Zhèr yǒu értóng zuòyǐ ma?

'儿童座椅 értóng zuòyǐ'는 '아동용 의자'를 의미합니다. 만약 전화로 문의를 하는 경우라면 '这儿 zhèr' 대신 '거기'라는 의미의 '(你们)那儿 (nǐmen) nàr'로 바꿔주면 됩니다.

예 **你们那儿有儿童座椅吗?** 거기 아동용 의자가 있나요?
Nǐmen nàr yǒu értóng zuòyǐ ma?

5 여기 별실이 있나요?

这儿有雅座吗?
Zhèr yǒu yǎzuò ma?

'雅座 yǎzuò'는 '(식당의) 별실'을 의미하는데, 대여 요금이 추가되는 경우가 일반적입니다. 특히 일부 중국 식당의 경우 별실에 노래방 기계가 설치되어 있는 경우도 있는데, 이 경우에는 추가 비용이 조금 비싸질 수도 있습니다. 만약 손님에게 별실을 원하는지 묻고 싶다면 다음과 같이 말하면 됩니다.

예 **我们这儿有雅座，您要吗?** 저희 식당에는 별실이 있는데, 필요하신가요?
Wǒmen zhèr yǒu yǎzuò, nín yào ma?

실력 확인하기

1 다음 제시된 한어병음을 단어별로 띄어 쓰고, 성조를 표기해보세요.

(1) Youzuoweima?　　　→ _______________________

(2) Qingdaoerlou.　　　→ _______________________

(3) Zhebianqing.　　　→ _______________________

(4) Yigongduoshaoqian?　→ _______________________

2 괄호 안에 들어갈 적합한 단어를 보기에서 골라 적으세요.

보기	把	儿童	也	壶

(1) 这儿有(　　　)座椅吗?

(2) 少了一(　　　)椅子。

(3) 白开水(　　　)收费吗?

(4) 十块钱一(　　　)。

3 다음 제시된 단어들을 어순에 맞게 다시 쓰세요.

(1) 餐厅/还有/座位/现在/吗　　→ _______________________

(2) 您/的/就/菜/点/马上/好　　→ _______________________

(3) 这儿/雅座/我们/有/要/吗/您　→ _______________________

(4) 筷子/请/好/一/拿来/吗/双　→ _______________________

4 괄호 안에 들어갈 적합한 단어를 적으세요.

(1) 能(　　　　)您的姓名吗? 성함을 남겨주시겠어요?

(2) 这是(　　　　)的。 이건 돈을 받습니다.

(3) 茶水，(　　　　)一壶吧。 차 한 주전자 더 주세요.

(4) 我先(　　　　)一下预约情况吧。 우선 예약 상황을 좀 확인해보겠습니다.

5 녹음을 듣고 다음 대화를 완성하세요. TRACK 25

(1) **A** ____?

    B 五块钱一斤。

(2) **A** 欢迎光临，一共几位?

    B ____?

(3) **A** 这里没有餐巾纸。

    B ____。

6 다음 조건에 맞춰 식당을 예약해보세요.

7월 10일 / 저녁 8시 / 6인용 테이블

중국에서 유의해야 할 사항 (5)
금기

한국에서 숫자 '4'는 죽음을 의미하는 '死'를 연상시키기 때문에 꺼리듯이, 중국에서도 같은 이유로 금기시 되고 있습니다. 한국인들도 숫자 '18'을 발음할 때 욕설로 들릴까 봐 신경을 쓰는 것과 같이 중국인들도 숫자 '250'을 발음할 때 조심하는 편입니다. '二百五 èrbǎiwǔ'에는 '바보, 멍청이'라는 뜻이 있기 때문입니다. 반면 '돈을 벌다(发财 fācái)'라는 의미의 '发 fā'와 발음이 비슷한 '8(八 bā)', '순조롭다(流利 liúlì)'라는 의미의 '流 liú'와 발음이 비슷한 '6(六 liù)'은 중국인들이 매우 선호하는 숫자입니다.

색깔 중에는 '흰색'과 '검은색'을 피하는 편인데, '흰색'은 '슬픔과 빈곤'의 상징이고, '검은색'은 '죽음과 불길함'의 이미지로 인식되기 때문입니다. 또한 '노란색'도 '색정과 저급함' 등 부정적인 의미를 가지고 있습니다. 반면 '붉은색'은 중국인들이 가장 좋아하는 색으로, '경사와 기쁨'을 상징합니다. 그래서 각종 행사마다 붉은색이 빠지지 않고, 축의금, 세뱃돈 등도 붉은색 봉투에 넣어서 줍니다.

한국에서는 거북이가 장수의 상징으로 여겨지지만 중국어로 '거북이'는 '龟 guī'로, 굉장히 심한 욕설에 사용되기 때문에 거북 문양이 있는 선물은 절대 피해야 합니다. 또한, 중국어로 '시계를 선물하다'는 '送钟 sòng zhōng'인데, 이는 '장례를 치르다'라는 의미인 '送终 sòngzhōng'과 발음이 같기 때문에 시계 선물은 굉장한 결례가 되므로 각별히 유의해야 합니다.

1. 식사 자리를 예약하고 싶습니다.

2. 존함이 어떻게 되십니까?

3. 인터넷으로 식사 자리를 예약할 수 있나요?

4. 이번 주 토요일에 뵙겠습니다.

5. 실례지만 어떤 분 성함으로 예약하셨나요?

상황 회화 익히기

TRACK 26

A 我要预订[1]餐桌。
Wǒ yào yùdìng cānzhuō.

B 什么时候？一共几位呢？
Shénmeshíhòu? Yígòng jǐ wèi ne?

A 这个星期六晚上七点，六个人，可以预订吗？
Zhè ge xīngqīliù wǎnshang qī diǎn, liù ge rén, kěyǐ yùdìng ma?

B 可以[2]，您贵姓[3]？
Kěyǐ, nín guì xìng?

A 我姓李，龙城公司的李科长。
Wǒ xìng Lǐ, Lóngchéng gōngsī de Lǐ kēzhǎng.

B 李科长，为您预订了六位，八号，星期六，晚上七点[4]。
Lǐ kēzhǎng, wèi nín yùdìng le liù wèi, bā hào, xīngqīliù, wǎnshang qī diǎn.

A 谢谢。
Xièxie.

B 不客气。期待您这个星期六的光临[5]。
Bú kèqi. Qīdài nín zhè ge xīngqīliù de guānglín.

표현으로 새단어 익히기

TRACK 27

预订 yùdìng 동 예약하다

请帮我预订一个餐厅吧。
Qǐng bāng wǒ yùdìng yí ge cāntīng ba.
식당 하나 대신 예약해주세요.

餐桌 cānzhuō 명 식사 자리, 식탁

可以在网上预订餐桌吗?
Kěyǐ zài wǎngshàng yùdìng cānzhuō ma?
인터넷으로 식사 자리를 예약할 수 있나요?

科长 kēzhǎng 명 과장

李科长，认识您很高兴。
Lǐ kēzhǎng, rènshi nín hěn gāoxìng.
이 과장님, 뵙게 돼서 반갑습니다.

为 wèi 개 ~에게, ~을 위해

今天晚餐，我特意为大家准备了火锅。
Jīntiān wǎncān, wǒ tèyì wèi dàjiā zhǔnbèi le huǒguō.
오늘 저녁은 특별히 여러분을 위해서 중국식 샤브샤브를 준비했습니다.

期待 qīdài 동 기대하다, 기다리다

我们期待您的回复。
Wǒmen qīdài nín de huífù.
회신 기다리겠습니다.

光临 guānglín 동 광림하다, 왕림하다

谢谢各位的光临。
Xièxie gèwèi de guānglín.
여러분께서 찾아주셔서 감사합니다.

주요 표현 파헤치기

① 我要预订……

중국에도 식당 예약 문화가 서서히 자리잡고 있습니다. TV에 소개된 식당이나 전통 있는 맛집의 경우 예약 없이 방문하면 줄만 서다가 식사를 못하는 경우도 종종 생깁니다. 예약을 할 때는 '我要预订餐桌。Wǒ yào yùdìng cānzhuō.'라고 말한 뒤 날짜와 시간, 방문자 수를 말한 다음 '可以吗？kěyǐ ma?'를 붙여주면 됩니다.

예 **我要预订餐桌，明天晚上七点，五个人，可以吗?**
Wǒ yào yùdìng cānzhuō, míngtiān wǎnshang qī diǎn, wǔ ge rén, kěyǐ ma?
자리를 예약하고 싶은데요. 내일 저녁 7시에 5명인데, 가능할까요?

② 可以

상대가 요청이나 허가 여부를 물었을 때, '가능하다'라고 답할 경우 사용하는 표현입니다. 습관적으로 '当然 dāngrán (당연히)'을 앞에 붙여서 사용하곤 합니다. 또 다른 표현으로는 '行 xíng (됩니다)'이나 '没问题 méiwèntí (그럼요)' 등이 있습니다.

예 **A 我可以借一下这把椅子吗?** 제가 이 의자를 좀 빌려도 될까요?
Wǒ kěyǐ jiè yíxià zhè bǎ yǐzi ma?

B 当然可以。 당연히 되죠.
Dāngrán kěyǐ.

③ 您贵姓?

중국에서는 '성(姓)'이 호칭으로 통용되는 경우가 많습니다. 그런데 호텔이나 식당을 예약할 때는 성 이외에 자신의 소속이나 이름을 같이 말해주는 것이 좋습니다. 만약 직접 만났을 때, 상대가 이 질문을 한다면 '贵는 빼주십시오'라는 의미의 '免贵 miǎn guì'를 써서 다음과 같이 대답하는 것이 예의에 맞습니다.

예 **A** 您贵姓? 존함이 어떻게 되십니까?
Nín guì xìng?

B 免贵姓李。 존함은요. 제 성은 이씨입니다.
Miǎn guì xìng Lǐ.

④ **李科长，为您预订了六位，八号，星期六，晚上七点。**

예약 후 고객에게 예약 상황을 다시 한 번 확인할 때 쓰는 표현입니다. 예약 상황을 확인할 때는 정보를 하나씩 나열하여 정확하게 전달해야 착오가 생기는 것을 막을 수 있습니다.

⑤ **期待您这个星期六的光临。**

원문을 직역하면 '이번 주 토요일에 찾아주실 것을 기다리고 있겠습니다'가 됩니다. 하지만 중국어를 한국어로 번역할 때 주의할 점은 한국의 상황에 맞는 표현으로 바꿔야 한다는 것입니다. 따라서 좀 더 자연스럽게 '이번 주 토요일에 뵙겠습니다'라고 해석하는 것이 좋습니다.

응용 표현 활용하기

1

이번 주 금요일, 그러니까 8일 저녁에 자리를 예약하고 싶어요.

我想要订位，这个星期五，也就是八号的晚餐。

Wǒ xiǎngyào dìngwèi, zhè ge xīngqīwǔ, yějiùshì bā hào de wǎncān.

'식사 자리를 예약하다'라는 의미인 '预订餐桌 yùdìng cānzhuō'는 '订位 dìngwèi'라고 표현할 수도 있습니다. 보통 한국어로 식당 예약을 할 때도 요일을 말하고 날짜를 덧붙여서 예약 날짜를 정확하게 전달하듯, 중국어의 경우에도 '也就是 yějiùshì (즉, 그러니까)'를 사용하여 날짜를 덧붙여 말합니다.

2

실례지만 어떤 분 성함으로 예약하셨나요?

请问，用谁的名字来预约了？

Qǐngwèn, yòng shéi de míngzi lái yùyuē le?

누구의 이름으로 예약했는지를 확인하는 표현입니다. 반대로 누구의 이름으로 예약하기를 원하는지 물을 때는 다음과 같이 표현하면 됩니다.

예 **请问，要用谁的名字来预约？** 실례지만 어떤 분 성함으로 예약하실 건가요?
Qǐngwèn, yào yòng shéi de míngzi lái yùyuē?

3

저는 인터넷으로 예약했습니다. 한번 확인해보시죠.

我在网上预订的，查一下吧。

Wǒ zài wǎngshàng yùdìng de, chá yíxià ba.

예약한 호텔이나 식당에 갔을 때는 자신이 어떤 방법으로 예약했는지 말해주는 것이 좋습니다. 만약 전화로 예약을 한 경우라면 다음과 같이 말하면 됩니다.

예 **我用电话预订的，请您查一下。** 저는 전화로 예약했습니다. 한번 확인해주세요.
Wǒ yòng diànhuà yùdìng de, qǐng nín chá yíxià.

4 저는 금연석으로 주세요.

我要禁烟区的座位。
Wǒ yào jìnyānqū de zuòwèi.

금연석 혹은 흡연석 등 특별히 원하는 자리가 있을 때 사용하는 표현입니다. '요구하다'라는 의미의 동사 '要 yào'를 써서 '我要……的座位(位子)。Wǒ yào……de zuòwèi(wèizi).'라고 표현하면 됩니다.

예 我要吸烟区的位子。 저는 흡연석으로 주세요.
Wǒ yào xīyānqū de wèizi.

5 오늘의 추천 메뉴는 뭐죠?

今天的推荐餐是什么?
Jīntiān de tuījiàncān shì shénme?

해산물 식당이나 일부 고급 식당의 경우 재료의 신선도에 따라 추천 메뉴가 달라질 수 있으므로, 메뉴 선정을 부탁하는 경우에 이런 표현을 쓸 수 있습니다. 비슷한 표현들은 다음과 같습니다.

예 您来推荐一下几道菜吧。 요리 몇 개를 추천해주세요.
Nín lái tuījiàn yíxià jǐ dào cài ba.

有什么菜可以推荐吗? 추천할 만한 요리가 있나요?
Yǒu shénme cài kěyǐ tuījiàn ma?

哪个菜是最受欢迎的? 어떤 요리가 가장 인기가 좋나요?
Nǎ ge cài shì zuì shòu huānyíng de?

실력 확인하기

1 다음 제시된 한어병음을 단어별로 띄어 쓰고, 성조를 표기해보세요.

(1) Xiexiegeweideguanglin. → ______________________

(2) Weininyudingleliuwei. → ______________________

(3) Ninlaituijianyixiajidaocaiba. → ______________________

(4) Woyongdianhuayudingde. → ______________________

2 괄호 안에 들어갈 적합한 단어를 보기에서 골라 적으세요.

> **보기**　　　为　　　位　　　要　　　帮

(1) 一共几(　　　　)呢?

(2) 今天晚餐，我特意(　　　　)大家准备了火锅。

(3) 请(　　　　)我预订一个餐厅吧。

(4) 我(　　　　)预订餐桌。

3 다음 제시된 단어들을 어순에 맞게 다시 쓰세요.

(1) 禁烟区/要/我/座位/的 → ______________________

(2) 什么/今天/推荐/的/餐/是 → ______________________

(3) 在/吗/可以/餐桌/网上/预订 → ______________________

(4) 回复/期待/我们/您/的 → ______________________

4 괄호 안에 들어갈 적합한 단어를 적으세요.

(1) 请问，用谁的(　　　　)来预约了？ 실례지만 어떤 분 성함으로 예약하셨나요?

(2) 我想要订位，这个星期五，(　　　　)八号的晚餐。

　　이번 주 금요일, 그러니까 8일 저녁에 자리를 예약하고 싶어요.

(3) 期待您这个星期六的(　　　　)。이번 주 토요일에 뵙겠습니다.

(4) (　　　　)贵姓李。존함은요. 제 성은 이씨입니다.

5 녹음을 듣고 다음 대화를 완성하세요. TRACK **30**

(1)　A　这个星期五晚上六点，三个人，可以预订吗？

　　B ＿＿＿＿＿＿＿＿＿＿＿＿＿＿＿＿＿＿＿＿＿＿＿＿？

(2)　A ＿＿＿＿＿＿＿＿＿＿＿＿＿＿＿＿＿＿＿＿＿＿＿＿？

　　B　当然可以。

(3)　A　您是电话预订的，还是网上预订的？

　　B ＿＿＿＿＿＿＿＿＿＿＿＿＿＿＿＿＿＿＿＿＿＿＿＿。

6 다음 상황을 떠올리면서 중국어로 말해보세요.

(1) 어떤 사람 이름으로 예약할지 묻는 상황

(2) 흡연석 자리를 요구하는 상황

(3) 어떤 요리가 가장 인기 있는지 묻는 상황

중국에서 유의해야 할 사항 (6)
행동

　우리는 호의의 표시로 하는 행동이 오해를 불러일으키는 경우가 종종 있습니다. 우리나라에서는 아이들을 보고 귀엽다는 의미로 머리를 쓰다듬었을 때 아이의 부모가 기분 상해하는 경우가 드물지만, 중국에서는 아이들의 머리를 쓰다듬는 행위에 민감하게 반응하는 경우가 많습니다. 따라서 아이가 귀엽다는 표시를 할 때는 아이와 악수를 하는 편이 불필요한 오해를 피할 수 있습니다.

　'녹색 모자를 쓰다(戴绿帽子 dài lǜ màozi)'는 수호지에서 '반금련(潘金莲 Pān jīnlián)'의 남편인 '무대(武大 wǔdà)'가 녹색 모자를 썼던 것에서 유래된 말로, 중국에서는 '아내가 바람을 피우는 남자'라는 의미로 통합니다. 따라서 중국을 여행할 때는 녹색 모자는 피하는 것이 좋습니다.

　중국이나 대만의 경우 한국에 비해 흡연에 대해 상당히 너그러운 편입니다. 하지만 식당에서는 금연석과 흡연석을 구분하기 때문에 예약할 때 이를 정확하게 전달하는 것이 좋습니다. 호텔 객실의 경우도 상당히 엄격한 잣대를 적용하는 것이 일반적이므로, 객실에서 흡연이 가능한지 미리 체크하는 것이 좋습니다. 중국에서는 흡연이 가능한 객실의 경우 별다른 제재가 없고, 현재까지는 호텔 복도나 로비에서도 흡연이 가능하지만, 대만의 경우는 대부분의 객실이나 복도, 로비에서의 흡연이 금지되어 있으며, 객실에서의 흡연 적발 시 대만달러 10,000위안(한국돈 약 360,000원)의 벌금을 물 수도 있으니 각별히 주의해야 합니다.

07

식당에서(3)

1. 여기 특색 요리가 뭐죠?

2. 매운 것을 드실 수 있나요?

3. 코스 요리로 시키세요.

4. 우선 먹어보고 더 시킬게요.

5. 계산해주세요.

A 坐这儿吧，这是菜单。
Zuò zhèr ba, zhè shì càidān.

B 这儿有什么特色菜[1]？
Zhèr yǒu shénme tèsècài?

A 能吃辣的吗[2]？
Néng chī làde ma?

B 我能吃辣的，不过也有不能吃辣的。
Wǒ néng chī làde, búguò yě yǒu bù néng chī làde.

A 那么，点套餐吧，这样比较[3]便宜点儿[4]。
Nàme, diǎn tàocān ba, zhèyàng bǐjiào piányi diǎnr.

B 好，就这样吧。
Hǎo, jiùzhèyàng ba.

A 喝什么酒水？
Hē shénme jiǔshuǐ?

B 来两瓶矿泉水和一瓶啤酒。
Lái liǎng píng kuàngquánshuǐ hé yì píng píjiǔ.

A 还要别的吗？
Hái yào biéde ma?

B 先吃了再点吧[5]。
Xiān chī le zài diǎn ba.

菜单 càidān 명 메뉴, 메뉴판

请再拿来菜单吧。
Qǐng zài nálai càidān ba.
메뉴판을 다시 가져다주세요.

辣 là 형 맵다, 아리다

太辣了，加点糖吧。
Tài là le, jiā diǎn táng ba.
너무 매우면 설탕을 좀 넣으세요.

套餐 tàocān 명 세트 메뉴, 코스 요리

吃烤鸭，单点好呢，还是
点套餐好呢？
Chī kǎoyā, dāndiǎn hǎo ne, háishi diǎn
tàocān hǎo ne?
오리구이를 먹을 때는 단품으로 시키는
것이 좋나요, 코스 요리로 시키는 것이
좋나요？

特色菜 tèsècài 특색 요리

这是我们餐厅的特色菜。
Zhè shì wǒmen cāntīng de tèsècài.
이건 우리 식당만의 특색 요리입니다.

点 diǎn 동 (음식을) 주문하다

先点什么好呢？
Xiān diǎn shénme hǎo ne?
우선 뭘 시키면 좋을까요？

酒水 jiǔshuǐ 명 마실 것, 음료

先点菜，再点酒水吧。
Xiān diǎn cài, zài diǎn jiǔshuǐ ba.
우선 음식을 시키고 마실 것을 시킵시다.

① 特色菜

'특색 있는 요리'라는 의미로, 다른 식당과는 차별되는 색다른 요리를 말합니다. 식당의 메인 요리는 '招牌菜 zhāopáicài'라고 하는데 즉, 간판에 올릴 수 있는 식당의 대표 요리를 의미합니다. 또, 오늘의 추천 메뉴는 '今天的推荐菜 jīntiān de tuījiàncài'라고 표현합니다.

예 你们这儿的招牌菜是什么? 여기 대표 요리가 뭐죠?
Nǐmen zhèr de zhāopáicài shì shénme?

今天的推荐菜是什么? 오늘의 추천 메뉴는 뭐죠?
Jīntiān de tuījiàncài shì shénme?

② 能吃辣的吗?

'能 néng'은 '~할 수 있나요?'라는 의미로, '~을 할 능력'을 물을 때 사용하는 표현입니다.

예 能打包吗? 포장해주실 수 있나요?
Néng dǎbāo ma?

能送外卖吗? 배달해주실 수 있나요?
Néng sòng wàimài ma?

③ 比较

대부분의 교재에서 '비교적'이라고 해석을 해서 실생활에서 활용 빈도가 극히 낮은 어휘입니다. 차라리 '~한 편이다'라고 해석을 하는 것이 활용도를 훨씬 높일 수 있습니다.

예 她长得比较漂亮。 그녀는 예쁜 편이에요.
Tā zhǎng de bǐjiào piàoliang.

这里的菜比较好吃。 여기 음식은 맛있는 편이에요.
Zhèli de cài bǐjiào hǎochī.

④ 便宜点儿

'형용사+点儿 diǎnr'은 '좀 ~해주세요, 좀 ~합니다'의 의미로 사용되는 표현입니다. 상대에게 부탁을 하거나 상태를 묘사하는 경우에 다음과 같이 쓸 수 있습니다.

师傅，开快点儿吧。 기사 아저씨, 좀 빨리 가주세요.
Shīfu, kāi kuài diǎnr ba.

我要比这件稍微大点儿的。 저는 이 옷보다 조금 더 큰 걸 원해요.
Wǒ yào bǐ zhè jiàn shāowēi dà diǎnr de.

⑤ 先吃了再点吧。

'先……再…… xiān……zài……'는 '우선 ~하고 난 다음에 ~하다'라는 표현으로 동작의 순서를 정할 때 쓰는 표현입니다.

先做好作业再玩儿吧。 우선 숙제를 마치고 난 다음에 놉시다.
Xiān zuò hǎo zuòyè zài wánr ba.

先休息再干活儿吧。 우선 쉬고 난 다음에 일합시다.
Xiān xiūxi zài gànhuór ba.

1 생선찜 하나 주세요.

来一个清真鱼。
Lái yí ge qīngzhēnyú.

메뉴를 시킬 때는 '来一个 lái yí ge'라는 표현을 자주 씁니다. 동일한 메뉴를 추가로 시킬 경우에는 '再来一个 zài lái yí ge'라고 표현하면 됩니다.

예) **再来一个糖醋里脊。** 탕수육 하나 더 주세요.
Zài lái yí ge tángcùlǐji.

2 싸가지고 갈게요.

我要打包。
Wǒ yào dǎbāo.

중국인들은 주문을 할 때 대체로 요리가 남을 정도로 넉넉하게 시킵니다. 반면 먹고 남은 음식을 싸가지고 가는 문화 역시 보편화되어 있습니다.

3 가지고 가실 건가요, 여기에서 드실 건가요?

您是带走，还是在这儿吃？
Nín shì dàizǒu, háishi zài zhèr chī?

'테이크아웃(外卖 wàimài)'이 가능한 패스트푸드점에서 주문할 경우에 듣게 되는 질문입니다. 선택의문문이기 때문에 본인 요구에 따라서 '要带走 yào dàizǒu'나 '要在这儿吃 yào zài zhèr chī'라고 대답하면 됩니다. 집이나 사무실로 배달시키는 경우는 '叫外卖 jiào wàimài'라고 표현합니다.

예) **外边下雨，今天叫外卖吃吧。** 밖에 비가 오니까 오늘은 배달시켜서 먹어요.
Wàibiān xiàyǔ, jīntiān jiào wàimài chī ba.

4 **주문하신 음식이 다 나왔습니다. 천천히 드세요.**

都上齐了，请慢用。
Dōu shàngqí le, qǐng mànyòng.

주문한 요리 중 마지막 요리를 서빙한 후 종업원이 하는 표현입니다. 반대로 주문한 요리가 다 나왔는지 묻거나 다 먹은 접시를 치워달라고 요청할 경우에는 다음과 같이 말하면 됩니다.

예 我们点的菜都上齐了吗? 우리가 주문한 요리가 다 나왔나요?
Wǒmen diǎn de cài dōu shàngqí le ma?

把这个撤走吧。 이것 좀 치워주세요.
Bǎ zhè ge chèzǒu ba.

5 **계산해주세요.**

买单吧。
Mǎidān ba.

광동어의 '埋单 máidān'에서 유래된 말로, 표준어로 유입되면서 글자가 바뀐 경우입니다. 표준어로는 '结账吧。Jiézhàng ba.'라는 표현도 있습니다. 주변이 시끄러울 때는 종업원을 향해 손가락으로 직사각형 모형을 만들어도 계산서를 들고 옵니다.

실력 확인하기

1 다음 제시된 한어병음을 단어별로 띄어 쓰고, 성조를 표기해보세요.

(1) Zheyangbijiaopianyidianr. → _______________________

(2) Heshenmejiushui? → _______________________

(3) Xiandianshenmehaone? → _______________________

(4) Jintiandetuijiancaishishenme? → _______________________

2 괄호 안에 들어갈 적합한 단어를 보기에서 골라 적으세요.

> **보기**   叫   稍微   齐   打

(1) 我要(　　　)包。

(2) 我要比这件(　　　)大点儿的。

(3) 外边下雨，今天(　　　)外卖吃吧。

(4) 都上(　　　)了，请慢用。

3 다음 제시된 단어들을 어순에 맞게 다시 쓰세요.

(1) 她/漂亮/比较/长得 → _______________________

(2) 我们/特色菜/这/的/餐厅/是 → _______________________

(3) 辣/太/加/糖/了/点/吧 → _______________________

(4) 这/撤/把/吧/走/个 → _______________________

4 괄호 안에 들어갈 적합한 단어를 적으세요.

(1) 能吃(   )的吗? 매운 것을 드실 수 있나요?

(2) 好，(   )吧。 그래요. 그렇게 하죠.

(3) 先点菜，再点(   )吧。 우선 음식을 시키고 마실 것을 시킵시다.

(4) 请再拿来(   )吧。 메뉴판을 다시 가져다주세요.

5 녹음을 듣고 다음 대화를 완성하세요. TRACK **35**

(1) **A** ____?

   B 要带走。

(2) **A** ____?

   B 我们的特色菜是糖醋里脊。

(3) **A** 还要别的吗?

   B ____。

6 다음 상황을 떠올리면서 중국어로 말해보세요.

(1) 주문한 요리가 다 나왔는지 묻는 상황

(2) 가격이 좀 더 싸지니 코스 요리를 시키라고 권하는 상황

(3) 배달을 해줄 수 있는지 묻는 상황

중국에서의 전화 사용
유심칩

중국은 한국과 달리 아직 거리에서 공중전화를 쉽게 찾을 수 있습니다. 공중전화로 한국에 전화를 걸 때는 우선 우리나라 국가 지역 번호인 82를 누르고, 전화번호를 누르면 됩니다. 휴대전화로 전화를 걸 때는 '010'이 아닌 '10'만 누르면 되니 주의하시기 바랍니다.

중국이나 대만으로 장기간 여행을 갈 때에는 현지에서 유심(usim)칩을 구입하여 본인의 휴대전화에 장착하는 편이 훨씬 편리하고 경제적입니다. 유심칩은 중국어로 '预付卡 yùfùkǎ (선불카드)'라고 하는데, 중국에서는 휴대전화 매장에서 구입하면 되고, 대만의 경우에는 공항에서 구입하는 편이 훨씬 편리합니다.

중국에서는 100위안(한국돈 약 18,000원)짜리 유심칩을 구입하게 되면 30일간 기간 제한이 있지만 중국 국내 통화 150분, 150MB 데이터가 제공됩니다. 물론 통신사에 따라 50위안짜리 유심칩도 있고, 음성 통화 위주인지 데이터 위주인지에 따라 유심칩을 선택할 수도 있습니다. 대만의 경우 3일 데이터 프리 요금을 대만달러 250위안(한국돈 약 10,000원)에 이용할 수 있습니다. 그런데 중국이나 대만은 우리나라와 달리 아직 3세대 이동통신(3G)을 쓰고 있기 때문에 한국의 속도를 생각하면 곤란합니다. 그리고 데이터가 안 터지는 장소도 한국보다 훨씬 많다는 점도 감안해야 합니다.

끝으로 주의할 점은 유심칩을 꽂았을 때 휴대전화 뒤편이 손난로처럼 뜨거워지는 경우가 있는데 이럴 때는 유심칩을 바로 교환해야 합니다. 그냥 두게 되면 휴대전화의 기판이 녹아 버릴 수도 있기 때문입니다.

08

탑승 수속

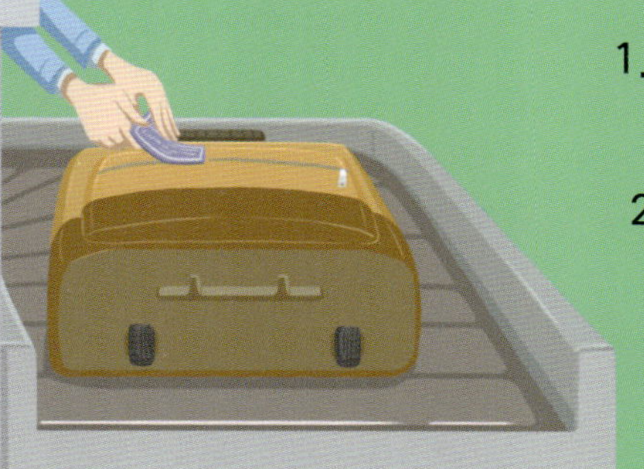

1. 짐이 모두 몇 개시죠?

2. 이건 들고 탈 겁니다.

3. 창가 자리 있나요?

4. 여기 탑승권입니다.

5. 이번 주 일요일 서울행 표가 있나요?

A 您一共有几件行李？
Nín yígòng yǒu jǐ jiàn xíngli?

B 两件。
Liǎng jiàn.

A 这个不托运吗？
Zhè ge bù tuōyùn ma?

B 不，这是手提①的。有靠窗的座位吗？
Bù, zhè shì shǒutí de. Yǒu kào chuāng de zuòwèi ma?

A 不好意思②，现在没有③，这是④您的登机牌。
Bùhǎoyìsi, xiànzài méiyǒu, zhè shì nín de dēngjīpái.

B 谢谢。
Xièxie.

A 不客气。
Bú kèqi.

● **行李** xíngli 몡 짐, 수화물

这是谁的行李？
Zhè shì shéi de xíngli?
이건 누구 짐이죠?

● **托运** tuōyùn 동 (짐을) 부치다

没有托运的行李。
Méiyǒu tuōyùn de xíngli.
부칠 짐이 없습니다.

● **手提** shǒutí 동 손에 들다, 휴대하다

这个可以手提吗？
Zhè ge kěyǐ shǒutí ma?
이거 들고 탈 수 있나요?

● **靠** kào 동 기대다

我要靠窗(走道)的座位。
Wǒ yào kào chuāng(zǒudào) de zuòwèi.
저는 창가(복도 쪽) 자리로 주세요.

● **窗** chuāng 몡 창, 창문

现在没有靠窗的座位。
Xiànzài méiyǒu kào chuāng de zuòwèi.
지금 창가 자리가 없습니다.

● **登机牌** dēngjīpái 탑승권

我的登机牌不见了。
Wǒ de dēngjīpái bújiàn le.
제 탑승권이 없어졌어요.

① 手提

'手提 shǒutí'는 '손(手)으로 들다(提)'라는 의미입니다. 때문에 '노트북 컴퓨터'는 직역해서 '笔记本电脑 bǐjìběn diànnǎo'라고 하기도 하지만 '손으로 들고 다니는 컴퓨터'라는 의미로 '手提电脑 shǒutí diànnǎo'라고도 부릅니다. 같은 맥락으로 핸드백은 '手提包 shǒutíbāo', '핸드캐리어 수하물'은 '手提行李 shǒutí xíngli'라고 합니다. 만약 기타를 핸드캐리어 수하물로 비행기에 들고 탈 수 있는지 묻고 싶다면 다음과 같이 표현하면 됩니다.

예 **吉他可以当手提行李上飞机吗?** 기타를 핸드캐리어로 해서 비행기에 들고 탈 수 있나요?
Jítā kěyǐ dàng shǒutí xíngli shàng fēijī ma?

② 不好意思 vs. 对不起

'对不起 duìbuqǐ'는 '자신이 한 행동에 대한 사과'인 반면, '不好意思 bùhǎoyìsi'는 '현재의 상황이 공교롭게 된 것에 대한 사과'입니다. 예를 들어 고객이 원하는 제품이 다 팔리고 없을 경우 의도한 행동이 아니기 때문에 '不好意思'가 상황에 더 적합합니다. 본문의 상황도 창가 자리가 없는 것은 직원의 잘못이 아니기 때문에 '不好意思'를 쓰는 편이 더 정확합니다. 하지만 이 상황에서는 '对不起'를 써도 지나친 예의라는 느낌을 줄 뿐, 틀린 것은 아닙니다. 반면에 '자신의 행동에 사과를 해야 할 상황'에서는 '对不起'만 쓸 수 있습니다.

예 **A 这件衣服有黑色的吗?** 이 옷 검은 색 있나요?
Zhè jiàn yīfu yǒu hēisè de ma?

B 不好意思，现在只有白色的。 죄송하지만 지금은 흰색 밖에 없습니다.
Bùhǎoyìsi, xiànzài zhǐyǒu báisè de.

A 这不是我的护照。 이건 제 여권이 아닌데요.
Zhè bú shì wǒ de hùzhào.

B 对不起，我给错了。 죄송합니다. 제가 잘못 드렸군요.
Duìbuqǐ, wǒ gěi cuò le.

③ 现在没有

호텔의 객실, 비행기 좌석이 없다거나 특정 제품의 재고가 없을 경우에 사용 가능한 표현입니다. 만약 지금은 없지만 내일에는 물건 입고가 가능하다면 다음과 같이 표현하면 됩니다.

(예) 现在没有，不过明天就来货了。 지금은 없지만 내일 상품이 들어옵니다.
Xiànzài méiyǒu, búguò míngtiān jiù láihuò le.

④ 这是

명함이나 탑승권, 구입한 물품 등을 상대에게 건네줄 때 '这是…… Zhè shì……'라는 문형을 사용해서 표현합니다. 한국어에서 '여기 제 ~입니다', '여기 말씀하신 ~입니다'와 비슷한 표현이라고 볼 수 있습니다.

(예) 这是我的名片。 여기 제 명함입니다.
Zhè shì wǒ de míngpiàn.

这是您的护照。 여기 당신 여권입니다.
Zhè shì nín de hùzhào.

응용 표현 활용하기

1 탑승 수속을 하려고 하는데요.

我要办登机手续。
Wǒ yào bàn dēngjī shǒuxù.

'要 yào'는 조동사로 '~하고 싶다, ~하려고 한다'의 의미로, 어떤 행위를 하려고 하는 주어의 의지를 나타냅니다. 또한 동사로 '요구하다, 원하다'라는 의미도 있습니다.

> **我要跟你交朋友。** 저는 당신과 친구가 되고 싶어요. (조동사)
> Wǒ yào gēn nǐ jiāo péngyou.
>
> **我要这个，不要那个。** 이건 주시고, 저건 됐어요. (동사)
> Wǒ yào zhè ge, bú yào nà ge.

'办'은 동사로 '~하다'의 의미인데, '카드를 만들거나 어떤 절차가 있는 행동을 하다'라는 의미를 나타낼 때 씁니다.

> **我来办信用卡。** 저는 신용카드를 만들려고 왔습니다.
> Wǒ lái bàn xìnyòngkǎ.
>
> **我要办结婚登记。** 저는 혼인신고를 하고 싶습니다.
> Wǒ yào bàn jiéhūn dēngjì.

2 여기 있습니다.

给您。
Gěi nín.

돈을 건네거나 상대가 원하는 물건을 줄 때 쓰는 표현입니다.

> **A 一共三十块钱。** 다 해서 30위안입니다.
> Yígòng sānshí kuài qián.
>
> **B 给您。** 여기 있습니다.
> Gěi nín.

3 서울에 가는 비행기 출발 시간이 지연됐나요?

去首尔的航班晚点了吗?

Qù Shǒu'ěr de hángbān wǎndiǎn le ma?

....

'晚点 wǎndiǎn'은 '(출발 시간이) 늦춰지다, 지연되다'라는 의미입니다. 차나 배, 비행기 등이 규정 시간보다 연착될 때 자주 쓰는 표현이므로 잘 기억해두는 것이 좋습니다.

예　**A**　你们怎么才来呀?　당신들 왜 이제야 오는 거예요?

　　　　Nǐmen zěnme cái lái ya?

　　　B　飞机晚点了，实在没办法。　비행기 출발이 지연돼서 정말 어쩔 수 없었어요.

　　　　Fēijī wǎndiǎn le, shízài méi bànfǎ.

4 베이징에 가려고 하는데, 내일 오전 표가 있나요?

我要去北京，有明天上午的票吗?

Wǒ yào qù Běijīng, yǒu míngtiān shàngwǔ de piào ma?

....

비행기나 기차표를 구할 때 가장 중요한 포인트는 바로 '출발 시간'입니다. '출발 시간 → 가려는 장소 → 표가 있나요?'의 순으로 나누어 말하면 좀 더 쉽게 표현할 수 있습니다.

예　七月二十七号，我要去北京，有票吗?

　　Qī yuè èrshíqī hào, wǒ yào qù Běijīng, yǒu piào ma?

　　7월 27일에 베이징에 가려고 하는데, 표가 있나요?

　　这个星期天，我要去首尔，有票吗?

　　Zhè ge xīngqītiān, wǒ yào qù Shǒu'ěr, yǒu piào ma?

　　이번 주 일요일에 서울에 가려고 하는데, 표가 있나요?

실력 확인하기

1 다음 제시된 한어병음을 단어별로 띄어 쓰고, 성조를 표기해보세요.

(1) Zhegebutuoyunma? → ___________________

(2) Wodedengjipaibujianle. → ___________________

(3) Zhebushiwodehuzhao. → ___________________

(4) Wolaibanxinyongka. → ___________________

2 괄호 안에 들어갈 적합한 단어를 보기에서 골라 적으세요.

보기	当	靠	办	才

(1) 我要(　　　)登机手续。

(2) 你们怎么(　　　)来呀?

(3) 有(　　　)走道的座位吗?

(4) 吉他可以(　　　)手提行李上飞机吗?

3 다음 제시된 단어들을 어순에 맞게 다시 쓰세요.

(1) 一共/件/有/行李/几/您 → ___________________

(2) 可以/手提/这/吗/个 → ___________________

(3) 我/座位/走道/靠/的/要 → ___________________

(4) 您/护照/是/的/这 → ___________________

4 괄호 안에 들어갈 적합한 단어를 적으세요.

(1) 没有(　　　　)的行李。 부칠 짐이 없습니다.

(2) 现在没有，不过明天就(　　　　)了。 지금은 없지만 내일 상품이 들어옵니다.

(3) 飞机(　　　　)了，实在没办法。 비행기 출발이 지연돼서 정말 어쩔 수 없었어요.

(4) 我的登机牌(　　　　)了。 제 탑승권이 없어졌어요.

5 녹음을 듣고 다음 대화를 완성하세요. TRACK **40**

(1) **A** 这不是我的护照。

　　B ＿＿＿＿＿＿＿＿＿＿＿＿＿＿＿＿＿＿＿。

(2) **A** 有靠窗的座位吗?

　　B ＿＿＿＿＿＿＿＿＿＿＿＿＿＿＿＿＿＿＿。

(3) **A** 这个不托运吗?

　　B ＿＿＿＿＿＿＿＿＿＿＿＿＿＿＿＿＿＿＿。

6 다음 일정에 맞는 비행기표가 있는지 알아보세요.

이번 주 일요일 / 오후 / 서울행

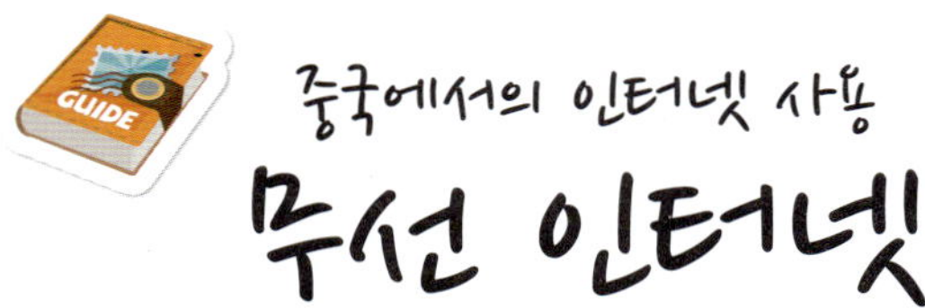

중국에서의 인터넷 사용
무선 인터넷

중국으로 장기간 출장을 가거나 여행을 갈 때에는 현지에서 유심칩을 구입해서 쓰는 편이 훨씬 저렴하게 통화할 수 있다고 했는데, 인터넷도 마찬가지입니다. 중국도 '와이파이 에그 (Wi-Fi随身宝 wifi suíshēnbǎo)' 설비가 보급된 상태입니다. 데이터 요금은 통신사마다 조금씩 차이가 있지만 일반적으로 한 달에 1GB 기준으로 50위안(한국돈 약 9,000원)을 지불해야 합니다. 휴대전화 선불카드보다는 데이터 요금이 더 싸다는 점과 3G 음영 지역이 상대적으로 적고 쾌적한 인터넷 환경을 누릴 수 있다는 점에서 고려해볼 만한 옵션입니다. 와이파이 에그 기기 가격은 20위안(한국돈 약 3,500원) 정도입니다.

만약 유학을 가거나 장기 거주를 한다면 '인터넷 공유기(无线路由器 wúxiàn lùyóuqì)'를 장만하는 것도 좋습니다. 장기 출장이 아닌 경우라도 공유기를 휴대하면 한국에서 처럼 편하게 인터넷을 하고, 인터넷 전화도 제한없이 사용할 수 있다는 장점이 있습니다.

커피 전문점이나 프랜차이즈 패스트푸드점에는 '提供免费无线上网服务 tígōng miǎnfèi wúxiàn shàngwǎng fúwù (무료 무선 인터넷을 제공합니다)'라는 문구가 적혀 있는 경우가 많습니다. 커피나 음식을 사면서 '无线网络的密码是多少? Wúxiàn wǎngluò de mìmǎ shì duōshao? (무선 인터넷 비밀번호가 어떻게 되죠?)'라고 물으면 됩니다. 물론 영수증에 무선 인터넷 비밀번호가 명시된 경우도 있습니다.

일부 고급 호텔을 제외하고는 객실에서의 무선 인터넷 신호는 상당히 약합니다. 오히려 복도 엘리베이터 앞이나 프런트 쪽에서 신호가 끊김 없이 잡히는 경우가 많기 때문에 무료 인터넷 전화를 사용하고자 할 때는 이런 장소들을 활용하는 것이 좋습니다.

09

1. 도와드릴 게 있나요?

2. 생수 있나요?

3. 설탕 넣어드릴까요?

4. 식사 다 하셨나요?

5. 좀 춥네요.

A 服务员[1]！
Fúwùyuán!

B 先生[2]，要帮您什么忙吗？
Xiānsheng, yào bāng nín shénme máng ma?

A 有矿泉水吗[3]？ 我要吃药。
Yǒu kuàngquánshuǐ ma? Wǒ yào chīyào.

B 好的，请稍等。… 先生，这是您的矿泉水。
Hǎo de, qǐng shāoděng. … Xiānsheng, zhè shì nín de kuàngquánshuǐ.

A 谢谢。这儿也有毛毯吗？
Xièxie. Zhèr yě yǒu máotǎn ma?

B 我马上给您拿来吧。… 让您久等了，这是您的毛毯。
Wǒ mǎshàng gěi nín nálai ba. … Ràng nín jiǔ děng le, zhè shì nín de máotǎn.

A 谢谢。这毛毯可以[4]带走[5]吗？
Xièxie. Zhè máotǎn kěyǐ dàizǒu ma?

B 先生，对不起，这个不能带下飞机。
Xiānsheng, duìbuqǐ, zhè ge bù néng dàixià fēijī.

● **服务员** fúwùyuán
명 종업원, 승무원

这儿没有**服务员**吗？
Zhèr méiyǒu fúwùyuán ma?
여기 일하시는 분 안 계신가요?

● **矿泉水** kuàngquánshuǐ
명 광천수, 생수

来一瓶**矿泉水**吧。
Lái yì píng kuànquánshuǐ ba.
생수 한 병 주세요.

● **毛毯** máotǎn 명 담요, 모포

请帮我拿来**毛毯**，好吗？
Qǐng bāng wǒ nálai máotǎn, hǎo ma?
담요 좀 가져다주시겠어요？

● **久等** jiǔděng 동 오래 기다리다

叫您**久等**了，很抱歉。
Jiào nín jiǔděng le, hěn bàoqiàn.
오래 기다리시게 해서 대단히 죄송합니다.

● **先生** xiānsheng 명 선생님, 씨, 남편

您**先生**在哪儿工作？
Nín xiānsheng zài nǎr gōngzuò?
바깥 분께서는 어디에서 일하시나요？

● **吃药** chīyào 동 약을 먹다

您得准时**吃药**。
Nín děi zhǔnshí chīyào.
제때 약을 드셔야 합니다.

● **马上** mǎshàng 부 바로, 곧

我**马上**就来。
Wǒ mǎshàng jiù lái.
바로 오겠습니다.

● **带走** dàizǒu 동 가지고 가다

您要**带走**吗？
Nín yào dàizǒu ma?
가지고 가실 건가요？

① 服务员

예전에는 식당이나 서비스 업종에서 일하는 여성을 '小姐 xiǎojiě (아가씨)'라고 호칭했지만, 지금은 남녀 구분없이 '服务员 fúwùyuán'으로 부릅니다. 한국에서 '아가씨'라는 호칭을 '언니, 이모'로 대체하는 것과 유사합니다. 한국보다도 '아가씨(小姐)'라는 호칭에 민감하게 반응하니 주의하는 것이 좋습니다.

예 **服务员，能开空调吗?** 저기요, 에어컨을 틀어주실 수 있나요?
Fúwùyuán, néng kāi kōngtiáo ma?

服务员，买单吧。 저기요, 계산해주세요.
Fúwùyuán, mǎidān ba.

② 先生

남자를 높여 부를 때 쓰는 호칭으로, 상대의 남편을 높여서 부를 때도 자주 쓰입니다.

예 **先生，这边请!** 선생님, 이쪽으로 오십시오!
Xiānsheng, zhèbiān qǐng!

您先生做什么工作呢? 부군께서는 어떤 일을 하시나요?
Nín xiānsheng zuò shénme gōngzuò ne?

③ 有……吗?

일반적으로 상대에게 무엇인가를 달라는 표현을 하고 싶을 때 '请给我…… Qǐng gěi wǒ……'를 연상하게 됩니다. 하지만 슈퍼마켓이나 매장과 같이 구매를 위해 정확한 수량을 말해야 하는 경우를 제외하고는 '有……吗? Yǒu……ma? (~가 있나요?)'가 훨씬 상황에 적합한 표현이라고 할 수 있습니다.

(예) **有红酒吗?** 포도주 있나요?
Yǒu hóngjiǔ ma?

可乐，还有吗? 콜라가 더 있나요?
Kělè, hái yǒu ma?

④ 可以 vs. 能

중국어에서 허가나 허락을 나타내는 조동사는 '可以 kěyǐ'와 '能 néng'이 있습니다. '규정이나 법규'에 관계되는 경우에는 '能'을 쓰고, 개인적인 허가를 나타낼 경우에는 '可以'를 쓰게 됩니다. 그래서 다음과 같이 구분할 수 있습니다.

(예) **在这儿能抽烟吗?** → 호프집에서 담배를 피울 수 있는지를 묻는 경우
Zài zhèr néng chōuyān ma?
여기에서 담배를 피워도 되나요?

在这儿可以抽烟吗? → 상대에게 담배를 피워도 되는지 허락을 구하는 경우
Zài zhèr kěyǐ chōuyān ma?
여기에서 담배를 피워도 괜찮겠습니까?

본문에서는 기내에서 제공되는 담요를 가져 가도 되는지를 묻는 경우인데도 '可以'를 썼는데, 이는 승무원에 대한 예의를 더 차려서 쓴 표현이라고 보면 됩니다.

⑤ 带走

'가지고 가다'라는 의미의 표현으로, 테이크아웃 전문점이나 패스트푸드점에서 주문할 경우 다음과 같은 대화가 가능합니다.

(예) **A 在这儿吃呢，还是带走呢?** 여기에서 드실 건가요, 아니면 가지고 가실 건가요?
Zài zhèr chī ne, háishi dàizǒu ne?

B 我要带走。 가지고 갈 겁니다.
Wǒ yào dàizǒu.

응용 표현 활용하기

1 설탕 넣어드릴까요?

要加糖吗?
Yào jiātáng ma?

커피를 건넬 때 프림(咖啡伴侣 kāfēibànlǚ)이나 설탕(糖 táng), 얼음(冰块儿 bīngkuàir) 등이 필요한지 물어보는 경우 다음과 같이 표현할 수 있습니다.

A 要加点儿冰块儿吗? 얼음 넣어드릴까요?
Yào jiā diǎnr bīngkuàir ma?

B 不用了，谢谢。 괜찮습니다. 감사해요.
Búyòng le, xièxie.

2 식사 다 하셨나요?

用完了吗?
Yòng wán le ma?

'밥을 먹다'라는 표현은 원래 동사 '吃 chī'를 쓰지만, 이를 높이는 말인 '식사를 하다'는 '用 yòng'을 씁니다. '식사 다 하셨나요?'라는 질문의 의도는 '그릇을 치워도 되나요?(可以收走了吗? Kěyǐ shōu zǒu le ma?)'라고 볼 수 있습니다. 식사가 아직 끝나지 않았다면 다음과 같이 대답하면 됩니다.

예 还没有，稍等会儿。 아직요. 조금 기다려주세요.
Hái méiyǒu, shāoděng huìr.

3 선반 좀 닦아주세요.

请您收拾一下桌子吧。
Qǐng nín shōushi yíxià zhuōzi ba.

식사를 하거나 글을 쓰려고 선반을 열었을 때 지저분한 경우가 있을 수 있는데, 이때 이 표현을 쓰면 됩니다.

4 선생님, 어떤 정찬을 원하시나요?

先生，您需要哪种正餐？
Xiānsheng, nín xūyào nǎ zhǒng zhèngcān?

비즈니스석이나 일등석의 경우 대부분 식사 메뉴를 자신이 선택할 수 있는데, 어떤 종류를 원하는지 물을 때 이 표현을 자주 씁니다. 대답은 다음과 같이 메뉴판을 보고 손가락으로 가리키면서 하면 됩니다.

예 **我要这个。** 이걸로 주세요.
Wǒ yào zhè ge.

5 좀 춥네요.

我觉得冷。
Wǒ juéde lěng.

기내가 추울 때 스튜어디스에게 담요를 가져다 달라고 말하는 대신 '我觉得冷。 Wǒ juéde lěng.'이라고 말할 수 있습니다. 반대로 '我觉得热。 Wǒ juéde rè.'는 에어컨을 세게 틀어달라는 의미의 표현이 될 수 있습니다.

예 **请给我一条毯子。** 담요 좀 가져다주세요.
Qǐng gěi wǒ yì tiáo tǎnzi.

请把空调开大一点儿。 에어컨을 좀 세게 틀어주세요.
Qǐng bǎ kōngtiáo kāi dà yìdiǎnr.

실력 확인하기

1 다음 제시된 한어병음을 단어별로 띄어 쓰고, 성조를 표기해보세요.

(1) Woyaochiyao.　　　　　→ _______________________

(2) Fuwuyuannengkaikongtiaoma?　→ _______________________

(3) Zhermeiyoufuwuyuanma?　　→ _______________________

(4) Ninxianshengzainargongzuo?　→ _______________________

2 괄호 안에 들어갈 적합한 단어를 보기에서 골라 적으세요.

보기	收拾	马上	来	帮

(1) 要(　　　　)您什么忙吗?

(2) (　　　　)一瓶矿泉水吧。

(3) 我(　　　　)给您拿来吧。

(4) 请您(　　　　)一下桌子吧。

3 다음 제시된 단어들을 어순에 맞게 다시 쓰세요.

(1) 您/先生/矿泉水/这是/的　→ _______________________

(2) 得/您/准时/吃药　　　　→ _______________________

(3) 给/一/毯子/我/请/条　　→ _______________________

(4) 能/吗/开/服务员/空调　　→ _______________________

4 괄호 안에 들어갈 적합한 단어를 적으세요.

(1) 叫您(   )了，很抱歉。 오래 기다리시게 해서 대단히 죄송합니다.

(2) 您要(   )吗? 가지고 가실 건가요?

(3) 您(   )做什么工作呢? 부군께서는 어떤 일을 하시나요?

(4) 请帮我拿来(   )，好吗? 담요 좀 가져다주시겠어요?

5 녹음을 듣고 다음 대화를 완성하세요. TRACK 45

(1) A ______________________________ ?

 B 还没有，稍等会儿。

(2) A ______________________________ 。

 B 不用了，谢谢。

(3) A ______________________________ ?

 B 先生，对不起，这个不能带下飞机。

6 다음 상황을 떠올리면서 중국어로 말해보세요.

(1) 일등석에서 고객에게 어떤 정찬을 원하는지 묻는 상황

(2) 상대에게 담배를 피워도 되는지 허락을 구하는 상황

(3) 에어컨을 좀 세게 틀어달라고 요청하는 상황

중국에서의 대중교통 이용
교통카드

중국 대도시에서 택시만 의존해서 이동한다면 비용 문제와 함께 교통 체증의 불편함도 감수해야 합니다. 따라서 버스를 이용하는 것이 좋은데, 중국의 버스는 크게 '大公 dàgōng', '大巴 dàbā' 등의 시내버스와 '小公 xiǎogōng', '小巴 xiǎobā' 등의 마을버스로 나뉩니다. 요금 체계는 기본 요금이 있고, 거리에 따라 승차 요금이 늘어나는 식입니다.

중국에서도 한국과 마찬가지로 충전식 교통카드인 '交通卡 jiātōngkǎ'가 자리를 잡아가고 있습니다. 상하이에서는 교통카드 하나로 지하철과 버스, 페리와 일부 고속버스까지도 이용이 가능합니다. 이 카드는 지하철역의 고객센터나 자동판매기에서 구매할 수 있습니다. 또한, 보증금(押金 yājīn)이 있는데, 사용 후에 반납하면 이 보증금은 환불이 가능합니다. 문제는 환불이 특정 역에서만 가능하다는 점인데, 공항 편의점이나 공항 내 순환열차 창구에 교통카드 환불소가 있으므로 이곳을 이용하는 것이 더 편리합니다. 만약 카드에 환불 받을 금액이 얼마 남지 않았다면 기념용으로 소장하는 것도 괜찮은 선택입니다.

중국의 고속 열차는 '动车 dòngchē'와 '高铁 gāotiě'로 구분되는데, '动车'는 기존의 철로를 그대로 사용하지만 객차 자체 동력으로 구동되는 고속철이고, '高铁'는 일반 철로가 아닌 고속 철로를 사용하는 고속철을 가리킵니다. 열차의 객실은 푹신한 침대 자리인 '软卧 ruǎnwò', 딱딱한 침대 자리인 '硬卧 yìngwò', 딱딱한 의자 자리인 '硬座 yìngzuò'로 구성되어 있습니다.

10

공항에서

1. 실례지만 짐은 어디에 가서 찾아야 하나요?

2. 제 짐이 왜 안 보일까요?

3. 여기에 전화번호를 남겨주세요.

4. 신고할 물품이 있으신가요?

5. 방문 목적이 어떻게 되시죠?

상황 회화 익히기

TRACK 46

A 劳驾①，去哪儿取行李呢②？
Láojià, qù nǎr qǔ xíngli ne?

B 一下楼就是③。
Yí xiàlóu jiùshì.

A 东方航空的行李都出来了吗？
Dōngfāng hángkōng de xíngli dōu chūlai le ma?

B 是的，都出来了。
Shìde, dōu chūlai le.

A 我的行李怎么不见了呢？
Wǒ de xíngli zěnme bújiàn le ne?

B 我帮您找找吧，您的行李牌儿呢？
Wǒ bāng nín zhǎozhao ba, nín de xínglipáir ne?

A 给您④，能找到吗？
Gěi nín, néng zhǎodào ma?

B 您在这儿留下您的电话吧⑤。
Nín zài zhèr liúxià nín de diànhuà ba.

A 这是我的电话，拜托您了。
Zhè shì wǒ de diànhuà, bàituō nín le.

劳驾 láojià 〔동〕 죄송합니다, 실례합니다

劳驾，把餐巾纸递给我吧。
Láojià, bǎ cānjīnzhǐ dì gěi wǒ ba.
죄송하지만 냅킨 좀 건네주세요.

下楼 xiàlóu 계단을 내려가다

从这个楼梯**下楼**吧。
Cóng zhè ge lóutī xiàlóu ba.
이 계단으로 내려가세요.

留下 liúxià 〔동〕 남기다, 남겨두다

请**留下**您的手机号码吧。
Qǐng liúxià nín de shǒujī hàomǎ ba.
휴대전화 번호를 남겨주세요.

取 qǔ 〔동〕 가지다, 취하다, 찾다

您不必亲自来**取**行李。
Nín búbì qīnzì lái qǔ xíngli.
짐을 찾으러 직접 오실 필요는 없습니다.

行李牌儿 xínglipáir 수하물표

凭借**行李牌儿**来取行李。
Píngjiè xínglipáir lái qǔ xíngli.
수하물표를 가지고 있어야 짐을 찾을 수 있습니다.

拜托 bàituō 〔동〕 부탁드리다

我还要睡觉，**拜托**了！
Wǒ hái yào shuìjiào, bàituō le!
저는 잠을 좀 더 자고 싶어요. 부탁드릴게요!

① 劳驾

상대에게 요청을 할 때 쓰는 표현으로, 상대의 주의를 환기시키는 역할을 합니다. 다른 표현
으로는 '麻烦您，…… Máfan nín, ……'도 있습니다.

예 劳驾，把圆珠笔还给我。 실례지만 볼펜을 돌려주세요.
Láojià, bǎ yuánzhūbǐ huán gěi wǒ.

麻烦您，请让让路。 죄송하지만 길을 좀 비켜주세요.
Máfan nín, qǐng ràngrang lù.

② 去哪儿取行李呢?

'어디에 가면 ~를 할 수 있죠?'라는 표현은 '去哪儿能…… 呢? Qù nǎr néng……ne?'라고 하
면 됩니다.

예 去哪儿能打热水呢? 어디에 가면 뜨거운 물을 받을 수 있죠?
Qù nǎr néng dǎ rèshuǐ ne?

去哪儿能上网呢? 어디에 가면 인터넷을 할 수 있죠?
Qù nǎr néng shàngwǎng ne?

③ 一下楼就是。

장소를 설명할 때 '~하면 바로입니다'라는 말은 '……就是 ……jiùshì'라고 표현하면 됩니다.

예 前方右(左)拐就是。 앞에서 오른쪽(왼쪽)으로 돌아가면 바로입니다.
Qiánfāng yòu(zuǒ) guǎi jiùshì.

往前走五分钟就是。 앞쪽으로 5분만 걸으면 바로입니다.
Wǎng qián zǒu wǔ fēnzhōng jiùshì.

④ 给您

'给您 gěi nín'은 '상대에게 돈이나 어떤 물건을 건넬 때' 사용하는 표현입니다. 한국에서도 무언가를 건네줄 때, '여기요'라고 말하는 것과 같은 표현입니다.

예 这是您的发票，给您。영수증입니다. 여기요.
Zhè shì nín de fāpiào, gěi nín.

这是您的护照，给您，请您拿好。여권입니다. 여기요. 잘 챙기세요.
Zhè shì nín de hùzhào, gěi nín, qǐng nín ná hǎo.

⑤ 您在这儿留下您的电话吧。

'留下 liúxià'는 '남기다, 남겨두다'라는 의미로, 연락처나 이름, 메모 등을 남길 때 자주 쓰입니다. '여기에 ~을 남겨두세요'라는 표현은 '您在这儿留下……吧。Nín zài zhèr liúxià……ba.'라고 쓰면 됩니다.

예 您在这儿留下联系地址吧。여기에 연락처를 남겨두세요.
Nín zài zhèr liúxià liánxì dìzhǐ ba.

您在这儿留下您的姓名吧。여기에 성함을 남겨두세요.
Nín zài zhèr liúxià nín de xìngmíng ba.

1　선생님, 포인트 적립해드릴까요?

先生，您要积分吗?

Xiānsheng, nín yào jīfēn ma?

'마일리지나 포인트 적립'은 '积分 jīfēn'이라고 표현합니다. 만약 적립이 가능한지 묻고 싶다면 다음과 같이 말하면 됩니다.

> **예**　**在这儿可以积分吗?** 여기에서 마일리지 적립이 가능한가요?
> Zài zhèr kěyǐ jīfēn ma?

2　어디에서 적립 카드를 만드나요?

在哪儿办积分卡呢?

Zài nǎr bàn jīfēnkǎ ne?

적립 카드도 카드의 일종이기 때문에 '카드를 만들다'라고 할 때 동사 '办 bàn'을 씁니다. 이 질문에 대한 답변은 다음과 같이 할 수 있습니다.

> **예**　**在这儿也可以办。** 여기에서도 만드실 수 있습니다.
> Zài zhèr yě kěyǐ bàn.
>
> **请到前边的服务台去办吧。** 앞에 있는 서비스 센터에 가서 만드세요.
> Qǐng dào qiánbiān de fúwùtái qù bàn ba.

3　신고할 물품이 있으신가요?

有什么东西要申报吗?

Yǒu shénme dōngxi yào shēnbào ma?

세관을 통과할 때 자주 듣게 되는 질문입니다. 하지만 수하물 검사에서 통과된 경우라면 그냥 녹색 세관 통로를 나오면 됩니다.

4 방문 목적이 어떻게 되시죠?

您来访的目的是什么?
Nín láifǎng de mùdì shì shénme?

공항 출입국 심사대에서 받을 수 있는 질문입니다. 이때는 '我是来……的。 Wǒ shì lái…… de.'구문을 써서 방문 목적을 말하면 됩니다.

예) **我是来旅游的。** 저는 여행차 왔습니다.
Wǒ shì lái lǚyóu de.

我是来出差的。 저는 출장차 왔습니다.
Wǒ shì lái chūchāi de.

5 어디에 묵으실 건가요? 체류 기간은요?

您打算住哪儿，停留多长时间?
Nín dǎsuan zhù nǎr, tíngliú duōcháng shíjiān?

중국의 경우 입국카드에 기재한 것만을 확인할 뿐 공항 출입국 검사대에서 이런 질문을 하는 경우는 드물지만 일반 회화에서의 활용도를 위해 알아둘 필요는 있습니다. '停留 tíngliú'는 '체류하다'의 의미이며, '待 dài'로 바꿔 쓸 수도 있습니다. 대답할 때는 숙소명을 말하고, 머물 기간은 '……天 ……tiān'이나 '……个星期左右 ……ge xīngqī zuǒyòu'라고 말하면 됩니다.

예) **我打算住在北京饭店，住一个星期左右。** 베이징호텔에 일주일 정도 묵을 예정입니다.
Wǒ dǎsuan zhù zài Běijīng fàndiàn, zhù yí ge xīngqī zuǒyòu.

실력 확인하기

1 다음 제시된 한어병음을 단어별로 띄어 쓰고, 성조를 표기해보세요.

(1) Wodexinglizenmebujianlene?　　　→ ___________________________

(2) Zainarbanjifenkane?　　　→ ___________________________

(3) Ninzaizherliuxialianxidizhiba.　　　→ ___________________________

(4) Youshenmedongxiyaoshenbaoma?　→ ___________________________

2 괄호 안에 들어갈 적합한 단어를 보기에서 골라 적으세요.

보기　　　给　　　拐　　　递　　　打

(1) 去哪儿能(　　　)热水呢?

(2) 这是您的发票，(　　　)您。

(3) 劳驾，把餐巾纸(　　　)给我吧。

(4) 前方右(　　　)就是。

3 다음 제시된 단어들을 어순에 맞게 다시 쓰세요.

(1) 的/了/都/东方航空/吗/出来/行李　→ ___________________________

(2) 就是/走/前/往/五分钟　　　→ ___________________________

(3) 这儿/积分/在/吗/可以　　　→ ___________________________

(4) 到/的/办/服务台/吧/请/前边/去　→ ___________________________

4 괄호 안에 들어갈 적합한 단어를 적으세요.

(1) (　　　　　)行李牌儿来取行李。 수하물표를 가지고 있어야 짐을 찾을 수 있습니다.

(2) 您不必(　　　　)来取行李。 짐을 찾으러 직접 오실 필요는 없습니다.

(3) 我的行李怎么(　　　　)呢? 제 짐이 왜 안 보일까요?

(4) 从这个楼梯(　　　　)吧。 이 계단으로 내려가세요.

5 녹음을 듣고 다음 대화를 완성하세요. TRACK 50

(1)　A　您在这儿留下您的电话吧。

　　　B　____。

(2)　A　____?

　　　B　我是来旅游的。

(3)　A　劳驾，去哪儿取行李呢?

　　　B　____。

6 다음 상황을 떠올리면서 중국어로 말해보세요.

(1) 신고할 물품이 있는지 묻는 상황

(2) 어디에 묵을지, 체류 기간은 얼마나 되는지 묻는 상황

(3) 고객에게 이름을 남겨두라고 말하는 상황

공항 이용 시 주의해야 할 사항 (1)
수하물

중국을 여행할 때는 천으로 된 캐리어를 쓰는 것이 좋습니다. 비행기 수하물을 마구 다루는 경우가 종종 있는데, 이럴 때 하드 케이스에 비해 파손될 위험이 상대적으로 적기 때문입니다. 캐리어가 파손된 것을 발견했을 때는 절대 공항 외부로 나가지 말고 '수하물 처리 고객 센터'에 가서 파손 여부를 확인하고, 서류를 작성해야 합니다. 한국에서는 일주일 내에 다른 캐리어로 교환해주거나 금전적 보상을 해주는 반면, 중국에서는 즉석에서 다른 캐리어로 교환해주는 경우가 대부분입니다. 주의할 점은 공항을 나가는 순간 이러한 손해 보상이 불가능해진다는 점입니다. 교환해주는 캐리어가 명품은 아니기 때문에 천으로 된 캐리어를 써서 이러한 문제를 사전에 방지하는 편이 좋습니다.

또 비행기에 탑승할 때, 들고 타야 할 물품과 부치는 짐에 넣어야 할 물품을 제대로 구분해야 합니다. 액체로 된 화장품의 경우 '용기의 용량'이 기준이 됩니다. 보통 100ml 이하이면 반입이 가능한데, 용기가 기준이 되기 때문에 200ml 용량의 스킨이 1/3만 남아있는 경우라도 반입이 금지됩니다. 100ml 이하의 액체류는 투명한 지퍼백에 담았을 경우 반입이 가능해집니다. 이때 해석에 따라 젤리 형태의 과자류도 기내 반입이 금지되는 경우도 발생하기 때문에 대만 등지에서 주로 사오는 '망고 젤리' 등은 부치는 짐에 넣는 편이 좋습니다.

그리고 요즘 들어 휴대전화나 노트북, 패드 등을 휴대하는 경우가 늘어나고 있는데, 이러한 기기의 충전지나 배터리들은 일괄적으로 들고 타는 것이 좋습니다. 만약 사소한 부주의로 부치는 짐에 넣어버리면 수하물을 올스톱 시키고, 더운 날 땀을 흘리며 배터리를 찾는 불상사가 생길 수도 있기 때문입니다.

11

은행에서

1. 환전을 하려고 하는데요.

2. 오늘 환율은 어떻게 되나요?

3. 얼마나 환전하실 건가요?

4. 신용카드를 분실했습니다.
   지급 정지를 해주세요.

5. 계좌를 개설하고 싶습니다.

A 您好，<u>我要换钱</u>[1]。
Nín hǎo, wǒ yào huànqián.

B <u>先填好</u>[3]这张单子<u>吧</u>[2]。
Xiān tián hǎo zhè zhāng dānzi ba.

A 这样写可以吗？
Zhèyàng xiě kěyǐ ma?

B 可以，<u>护照带来了吧</u>[4]？
Kěyǐ, hùzhào dàilái le ba?

A 是，给您。<u>今天的兑换价是多少</u>[5]？
Shì, gěi nín. Jīntiān de duìhuànjià shì duōshao?

B 一美元六点七，要换多少？
Yì měiyuán liù diǎn qī, yào huàn duōshao?

A 三百美金。
Sāibǎi měijīn.

표현으로 새단어 익히기

换钱 huànqián 동 환전하다

这附近有换钱的地方吗?
Zhè fùjìn yǒu huànqián de dìfang ma?
이 근처에 환전할 곳이 있나요?

单子 dānzi 명 리스트, 목록, 폼

这张单子这样填写可以吗?
Zhè zhāng dānzi zhèyàng tiánxiě kěyǐ ma?
이 폼은 이렇게 기입하면 되는 건가요?

兑换 duìhuàn 동 환전하다

今天美元兑换人民币是多少?
Jīntiān měiyuán duìhuàn rénmínbì shì duōshao?
오늘 달러를 위안화로 바꾸면 얼마인가요?

填 tián 동 기입하다, 써넣다

请填一下括号里的内容。
Qǐng tián yíxià kuòhào li de nèiróng.
괄호 안의 내용을 채우세요.

护照 hùzhào 명 여권

最近护照很容易办。
Zuìjìn hùzhào hěn róngyì bàn.
요즘은 여권을 쉽게 만들 수 있습니다.

美金 měijīn 미국 달러

我要把美金换成韩币。
Wǒ yào bǎ měijīn huànchéng hánbì.
저는 달러를 원화로 바꾸고 싶습니다.

① 我要换钱。

환전을 하려고 할 때 쓰는 표현으로, 은행, 공항, 현지 환전소 등에서 모두 쓸 수 있습니다.
환율이 좋은 곳을 찾고 싶다면 다음과 같이 질문하면 됩니다.

예 **去哪儿换钱最划算?** 어디에 가서 환전을 해야 가장 이득일까요?
Qù nǎr huànqián zuì huásuàn?

② 先……吧。

'先……吧。Xiān……ba.'는 '우선 ~을 하세요'라고 권하는 표현입니다.

예 **先坐会儿吧。** 우선 좀 앉으세요.
Xiān zuò huìr ba.

先取号等待叫号吧。 우선 번호표를 뽑으시고, 부를 때까지 기다리세요.
Xiān qǔhào děngdài jiàohào ba.

③ 好

'好 hǎo'는 결과보어로, '(제대로) ~을 하다'의 의미를 나타냅니다. 반면 '完 wán'은 '단순히
동작을 끝내다'의 의미이므로 어감상의 차이점에 유의해야 합니다.

예 **我都做好了作业。** 저는 숙제를 이미 (제대로) 했어요.
Wǒ dōu zuò hǎo le zuòyè.

我都做完了作业。 저는 숙제를 이미 다 했어요.
Wǒ dōu zuò wán le zuòyè.

④ 护照带来了吧?

'……带来了吧? ……dàilái le ba?'는 '~을 가지고 오셨죠?'라고 확인하는 표현으로, 앞에 여러 가지 물건을 대입해서 활용할 수 있습니다.

印章带来了吧? 도장 가지고 오셨죠?
Yìnzhāng dàilái le ba?

身份证带来了吧? 신분증 가지고 오셨죠?
Shēnfènzhèng dàilái le ba?

⑤ 今天的兑换价是多少?

'환율'이라는 말은 '兑换价 duìhuànjià' 이외에도 '汇率 huìlǜ', '外汇牌价 wàihuì páijià'라는 표현을 쓸 수 있습니다. 여기에서 '牌价 páijià'는 '시세'라는 의미도 있어서 '금 시세'는 '黄金牌价 huángjīn páijià'라고 합니다.

今天的汇率是多少? 오늘 환율은 얼마죠?
Jīntiān de huìlǜ shì duōshao?

今天的黄金牌价是多少? 오늘 금 시세는 어떻게 되죠?
Jīntiān de huángjīn páijià shì duōshao?

응용 표현 활용하기

1 저는 원화를 달러로 바꾸고 싶어요.

我要把韩币换成美金。
Wǒ yào bǎ hánbì huànchéng měijīn.

'A 화폐를 B로 바꾸고 싶다'라는 표현을 하려면 '我要把A换成B。 Wǒ yào bǎ A huànchéng B.'라고 말하면 됩니다.

> **예 我要把美元换成人民币。** 저는 달러를 위안화로 바꾸고 싶습니다.
> Wǒ yào bǎ měiyuán huànchéng rénmínbì.

2 (현금 인출기가) 카드를 먹어버렸는데, 어떻게 해야 하나요?

我的银行卡被吞了，怎么办?
Wǒ de yínhángkǎ bèi tūn le, zěnmebàn?

비밀번호를 3회 이상 잘못 입력하거나 현금 인출기 이상으로 카드가 먹혀버리는 경우에 쓰는 표현입니다. 만약 이런 경우가 발생하면 여권을 가지고 해당 은행으로 가서 '카드 분실 서류(吞卡证明 tūnkǎ zhèngmíng)'를 작성해서 제출해야 합니다. 그리고 이런 상황을 대비해서 카드 뒤편의 일련번호는 따로 적어두는 편이 좋습니다.

3 신용카드를 분실했습니다. 지급 정지를 해주세요.

我的信用卡丢了，请您给我锁定吧。
Wǒ de xìnyòngkǎ diū le, qǐng nín gěi wǒ suǒdìng ba.

한국 신용카드를 분실한 경우라면 한국에 전화를 걸어서 분실 신고를 하면 됩니다. 하지만 중국에서 발급한 신용카드를 분실했다면 한국 내 중국 은행 지점이나 중국 현지에 있는 은행에 지급 정지를 요청해야 합니다.

> **예 银行卡丢了，我想办理挂失。** 은행 카드를 잃어버려서 분실 신고를 하려고 합니다.
> Yínhángkǎ diū le, wǒ xiǎng bànlǐ guàshī.

4 계좌를 개설하고 싶습니다.

我要开一个账户。
Wǒ yào kāi yí ge zhànghù.

중국에 장기간 거주하거나 출장이 잦을 경우 중국 은행에 계좌를 개설해야 하는 경우도 생깁니다. 그러므로 계좌의 성격이나 종류도 알아두는 것이 좋은데, '活期账户 huóqī zhànghù'는 입출금이 자유로운 보통 예금, '定期账户 dìngqī zhànghù'는 정기 예금을 말합니다.

예 **我要开一个活期账户。** 보통 예금 계좌를 하나 개설하고 싶습니다.
Wǒ yào kāi yí ge huóqī zhànghù.

5 이 근처에 현금 인출기가 있나요?

这附近有自动取款机吗?
Zhè fùjìn yǒu zìdòng qǔkuǎnjī ma?

중국에는 현금 인출기가 한국처럼 편의점마다 있는 수준은 아니지만, 대도시 중심가 거리나 학교와 같은 곳에는 비교적 많이 설치되고 있는 추세입니다. visa나 master카드는 안 되고, 중국식 BC카드인 '银联 yínlián'만 결제되는 곳도 있으므로, 한국에 있는 중국 은행에서 중국 카드를 만들어 가는 편이 좋습니다. 현금 인출기에서 자주 사용되는 표현은 다음과 같습니다.

예 **取钱** qǔqián / **提款** tíkuǎn 현금 인출
存钱 cúnqián / **存款** cúnkuǎn 입금
转账 zhuǎnzhàng 계좌이체
汇款 huìkuǎn 송금
查询余额 cháxún yú'é 잔액 조회

실력 확인하기

1 다음 제시된 한어병음을 단어별로 띄어 쓰고, 성조를 표기해보세요.

(1) Zheyangxiekeyima?　　→ _______________________

(2) Shenfenzhengdailaileba?　→ _______________________

(3) Woyaokaiyigezhanghu.　→ _______________________

(4) Wodexinyongkadiule.　　→ _______________________

2 괄호 안에 들어갈 적합한 단어를 보기에서 골라 적으세요.

> **보기**　　会儿　　填　　牌价　　办

(1) 最近护照很容易(　　　)。

(2) 请(　　　)一下括号里的内容。

(3) 先坐(　　　)吧。

(4) 今天的黄金(　　　)是多少?

3 다음 제시된 단어들을 어순에 맞게 다시 쓰세요.

(1) 填写/可以/张/吗/这/单子/这样　→ _______________________

(2) 一个/我/活期账户/要/开　　→ _______________________

(3) 多少/是/的/今天/汇率　　→ _______________________

(4) 取号/吧/先/叫号/等待　　→ _______________________

4 괄호 안에 들어갈 적합한 단어를 적으세요.

(1) 我的银行卡被(　　　　)了，怎么办？

(현금 인출기가) 카드를 먹어버렸는데, 어떻게 해야 하나요?

(2) 银行卡丢了，我想办理(　　　　)。은행 카드를 잃어버려서 분실 신고를 하려고 합니다.

(3) 我的信用卡丢了，请您给我(　　　　)吧。

신용카드를 분실했습니다. 지급 정지를 해주세요.

(4) 我要把美元(　　　　)人民币。저는 달러를 위안화로 바꾸고 싶습니다.

5 녹음을 듣고 다음 대화를 완성하세요. TRACK **55**

(1) **A** ____?

　　B 到服务总台去换钱吧。

(2) **A** ____?

　　B 是，给您。

(3) **A** ____?

　　B 一美元六点七。

6 다음 상황을 떠올리면서 중국어로 말해보세요.

(1) 300달러를 환전하고 싶다고 말하는 상황

(2) 오늘 달러를 위안화로 바꾸면 얼마인지 묻는 상황

(3) 어디에 가서 환전을 해야 가장 이득인지 묻는 상황

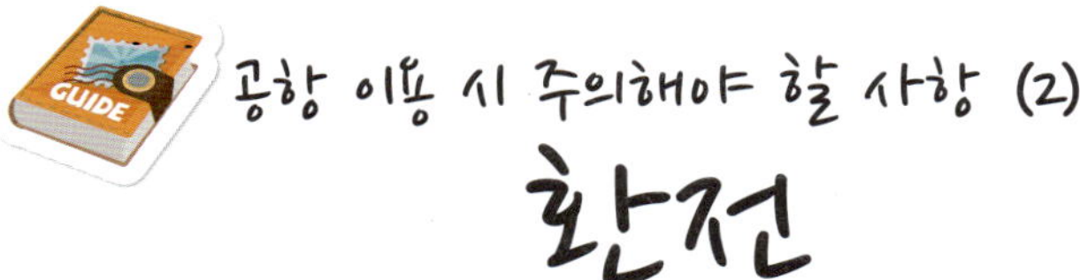

공항 이용 시 주의해야 할 사항 (2)

환전

바빠서 환전을 못한 상태에서 출국을 해야 하는 경우도 생길 수 있습니다. 서울역에 있는 기업은행과 우리은행 환전 센터는 주요 은행보다 높은 환율 우대를 해줄 뿐 아니라 365일 저녁 10시까지 영업합니다. 은행 영업이 끝난 다음에도 환전을 할 수 있지만, 달러, 엔화, 위안화와 같이 주요 화폐가 아닌 경우에는 방문 전에 전화로 문의를 하는 편이 좋습니다.

환전은 미국 달러로만 하지 말고, 위안화나 대만 달러를 어느 정도 준비해가는 편이 좋습니다. 현지 도착 후 공항에서 환전을 하게 되면 수수료를 상당히 많이 지불해야 하는 단점도 있고, 공항에서 숙소까지의 교통비나 유심칩 교환 비용 등 도착과 동시에 어느 정도 현지 화폐가 필요하기 때문입니다.

환전 시 또 하나의 팁은 인터넷으로 미리 환전한 다음 인천공항에서 수령하는 것입니다. 대부분의 근처 은행에서도 달러, 엔화 등은 어느 정도 보유하고 있지만 그 이외의 화폐는 충분한 양이 확보되어 있지 않은 경우도 있기 때문입니다. 환전을 위해 시내 은행에 가는 것보다는 인터넷 환전 후에 인천공항에서 수령하는 편이 훨씬 편리하다고 할 수 있습니다.

인천공항 수령 시 유의해야 할 점은 인터넷 환전 후에 은행 홈페이지에서 '전자확인증'을 출력해서 가져가야 하며, 본인의 신분증(여권)을 반드시 지참해야 한다는 것입니다. 인천공항의 환전 수령 장소는 총 3군데가 있지만 출국 당일에 수령할 경우라면 '여객 터미널 3층 B카운터'에 위치한 '스타환전소'가 동선으로 볼 때 가장 유리합니다.

12

1. 어서 오세요. 뭘 도와드릴까요?

2. 본인이 입으실 건가요?
아니면 선물하실 건가요?

3. 한번 입어보세요.

4. 이것도 할인이 되나요?

5. 죄송하지만 저희는 정찰제입니다.

상황 회화 익히기

TRACK 56

A 欢迎光临，<u>这是乐天免税店</u>[1]。需要帮忙吗？
Huānyíng guānglín, zhè shì lètiān miǎnshuìdiàn. Xūyào bāngmáng ma?

B 冬天穿的夹克<u>就这些吗</u>[2]？
Dōngtiān chuān de jiākè jiù zhèxiē ma?

A 是的，先生。<u>您自己穿的还是送人的</u>[3]？
Shì de, xiānsheng. Nín zìjǐ chuān de háishi sòngrén de?

B 我自己穿的，这件手感挺不错，小牛皮的吗？
Wǒ zìjǐ chuān de, zhè jiàn shǒugǎn tǐng búcuò, xiǎoniúpí de ma?

A 这是羊皮的，<u>您可以试试</u>[4]。到这边来照照镜子吧。
Zhè shì yángpí de, nín kěyǐ shìshi. Dào zhèbiān lái zhàozhao jìngzi ba.

B 您看怎么样？
Nín kàn zěnmeyàng?

A <u>穿起来显得</u>[5]超帅气，颜色也很正的。
Chuānqilai xiǎnde chāo shuàiqi, yánsè yě hěn zhèng de.

B 这件也能打折吗？
Zhè jiàn yě néng dǎzhé ma?

A 您到前边去办张打折卡吧，
Nín dào qiánbiān qù bàn zhāng dǎzhékǎ ba,

有了卡能<u>打九折</u>[6]。
yǒu le kǎ néng dǎ jiǔ zhé.

免税店 miǎnshuìdiàn 면세점

您有这家**免税店**的优惠卡吗?
Nín yǒu zhè jiā miǎnshuìdiàn de yōuhuìkǎ ma?
이 면세점 우대카드가 있으신가요?

手感 shǒugǎn 몡 손의 감촉, 촉감

我来试一下**手感**吧。
Wǒ lái shì yíxià shǒugǎn ba.
제가 촉감이 어떤지 한번 볼게요.

显得 xiǎnde 통 ~하게 보이다

这样穿让您**显得**更年轻。
Zhèyàng chuān ràng nín xiǎnde gèng niánqīng.
이렇게 입으면 더 젊어 보이실 겁니다.

正 zhèng 혱 마음에 꼭 들다

大小合适，颜色也很**正**。
Dàxiǎo héshì, yánsè yě hěn zhèng.
크기도 적당하고, 색깔도 딱이네요.

夹克 jiākè 몡 재킷, 점퍼

我看，这种**夹克**适合您穿。
Wǒ kàn, zhè zhǒng jiākè shìhé nín chuān.
이 재킷을 입으시면 어울릴 것 같네요.

照镜子 zhàojìngzi 통 거울을 보다

照镜子，看来更漂亮。
Zhàojìngzi, kànlái gèng piàoliang.
거울로 보니 더 예쁘네요.

帅气 shuàiqi 혱 멋지다, 멋있다

这款夹克很有档次，也很**帅气**。
Zhè kuǎn jiākè hěn yǒu dàngcì, yě hěn shuàiqi.
이 재킷은 고급스러우면서 멋도 있네요.

打折 dǎzhé 통 가격을 깎다, 할인하다

能**打**几**折**呢?
Néng dǎ jǐ zhé ne?
몇 퍼센트나 세일해줄 수 있나요?

주요 표현 파헤치기

① 这是乐天免税店。

'这是…… Zhè shì……'는 고객이 매장을 방문했을 때 '여기는 ~입니다'라고 맞이하는 인사 표현으로도 쓰입니다. 반대로 고객이 매장을 떠날 때는 '欢迎再次光临! Huānyíng zàicì guānglín! (다시 찾아주세요!)'이라고 말하면 됩니다. 참고로 우리나라 4대 공항 면세점의 중국식 이름은 다음과 같습니다.

> 乐天免税店 lètiān miǎnshuìdiàn 롯데면세점
>
> 新罗免税店 xīnluó miǎnshuìdiàn 신라면세점
>
> 东和免税店 dōnghé miǎnshuìdiàn 동화면세점
>
> AK免税店 AK miǎnshuìdiàn AK면세점

② ……就这些吗？

여기에 쓰인 '就 jiù'는 '只有 zhǐyǒu'와 같은 의미로, '~만 있다'라는 뜻을 나타냅니다.

> 就你一个人没来。 당신 혼자만 안 왔어요.
> Jiù nǐ yí ge rén méi lái.
>
> 现在我们店的钱包就这些了。 지금 우리 매장의 지갑은 이게 다입니다.
> Xiànzài wǒmen diàn de qiánbāo jiù zhèxiē le.

③ 您自己穿的还是送人的？

선택의문문을 사용한 질문으로, 상품에 따라 다음과 같이 동사를 달리 사용할 수 있습니다.

> 您自己戴（用）的还是送人的？ 본인이 끼실(사용하실) 건가요? 아니면 선물하실 건가요?
> Nín zìjǐ dài (yòng) de háishi sòngrén de?
>
> 戴: 끼다(선글라스, 안경), 차다(손목시계), 쓰다(모자)
>
> 用: 사용하다(전자제품, 화장품 등)

④ 您可以试试。

'한번 입어보세요'라는 뜻으로, 점원이 손님에게 착용해보기를 권하는 말입니다. 반대로 점원에게 한번 착용하거나 사용해봐도 되는지를 묻고 싶다면 다음과 같이 말하면 됩니다.

A 我可以试试吗? 제가 한번 입어봐도(써봐도) 될까요?
Wǒ kěyǐ shìshi ma?

B 当然可以。 당연히 되죠.
Dāngrán kěyǐ.

⑤ 穿起来显得……

'입으니까 ~하게 보인다'라는 표현으로, 다음과 같이 활용해서 쓸 수 있습니다.

穿起来显得更年轻。 입으니까 더 젊어 보여요.
Chuānqilai xiǎnde gèng niánqīng.

穿起来显得更苗条。 입으니까 더 날씬해 보여요.
Chuānqilai xiǎnde gèng miáotiao.

穿起来显得很精神。 입으니까 생기가 넘쳐 보여요.
Chuānqilai xiǎnde hěn jīngshen.

⑥ 打九折

한국에서는 구매자 입장에서의 할인율을 표기하기 때문에 '10% 세일'이면 구매자가 원래 가격에서 10%를 싸게 살 수 있다는 의미가 됩니다. 하지만 중국에서는 판매자 입장에서의 할인율을 표기해서, 원래 가격에서 할인 부분을 '끊어내버리고(折 zhé)' 받게 되는 가격을 말하는 것입니다. 그래서 '打九折 dǎ jiǔ zhé'는 10%를 끊어낸 후인 90%의 가격을 받는다는 의미입니다. '打 dǎ'와 '折 zhé' 사이에 숫자만 넣어서 표현하면 되는데, 50% 할인만 '打对折 dǎ duì zhé'라는 별도의 표현이 있다는 점에 주의하면 됩니다.

응용 표현 활용하기

1 한번 입어보세요.

您来试一试吧。
Nín lái shìyishì ba.

이 표현은 의류, 화장품, 장신구, 전자기기 등 판매 물품 전반에 사용할 수 있는 표현입니다. 의류의 경우, 고객에게 피팅룸을 안내하는 표현은 다음과 같습니다.

예 A 我可以试一试吗? 한번 입어봐도 될까요?
Wǒ kěyǐ shìyishì ma?

B 当然可以，试衣间就在这边。
Dāngrán kěyǐ, shìyījiān jiù zài zhèbiān.
당연하죠. 피팅룸은 여기입니다.

2 죄송하지만 이쪽만 할인이 됩니다.

不好意思，只有这边打折。
Bùhǎoyìsi, zhǐyǒu zhèbiān dǎzhé.

면세점이나 매장에서는 할인이 되는 품목과 그렇지 않은 품목이 나뉘어져 있습니다. 할인이 되는 물품인지 아닌지 확인하려면 다음과 같이 질문하면 됩니다.

예 A 这边也打折吗? 이쪽도 할인이 되나요?
Zhèbiān yě dǎzhé ma?

B 是，这边也打折。 네, 이쪽도 할인이 됩니다.
Shì, zhèbiān yě dǎzhé.

B 不好意思，这边不打折。 죄송하지만 이쪽은 할인이 되지 않습니다.
Bùhǎoyìsi, zhèbiān bù dǎzhé.

3 죄송하지만 저희는 정찰제입니다.

不好意思，我们是不讲价的。
Bùhǎoyìsi, wǒmen shì bùjiǎngjià de.

'不讲价 bùjiǎngjià'는 '가격 흥정을 하지 않는다'라는 뜻으로, '정찰제'를 의미하는 표현입니다. 비슷한 표현으로는 '一口价 yìkǒujià', '不还价 bùhuánjià'가 있는데, '一口价'는 '가격에 대해서는 한 번만 말한다', '不还价'는 '고객의 가격 흥정을 받지 않는다'라는 의미에서 온 표현입니다.

4 누구에게 선물하실 건가요?

您想送给谁呢?
Nín xiǎng sòng gěi shéi ne?

본인이 쓸 것인지, 선물할 것인지, 선물을 한다면 누구에게 할 것인지에 따라서 추천 상품이 달라질 수 있으므로 물건을 살 때 이런 질문들을 종종 들을 수 있습니다.

실력 확인하기

1 다음 제시된 한어병음을 단어별로 띄어 쓰고, 성조를 표기해보세요.

(1) Womenshibuhuanjiade.　　　→ ______________________

(2) Chuanqilaixiandehenjingshen.　→ ______________________

(3) Nengdajizhene?　　　　　　→ ______________________

(4) Daxiaoheshiyanseyehenzheng.　→ ______________________

2 괄호 안에 들어갈 적합한 단어를 보기에서 골라 적으세요.

> **보기**　　折　　还是　　讲　　打　　就

(1) 现在我们店的钱包(　　　)这些了。

(2) 我们是不(　　　)价的。

(3) 您自己穿的(　　　)送人的?

(4) 有了卡能(　　　)九(　　　)。

3 다음 제시된 단어들을 어순에 맞게 다시 쓰세요.

(1) 有/家/的/优惠卡/免税店/您/这/吗　→ ______________________

(2) 显得/让/年轻/更/穿/这样/您　　　→ ______________________

(3) 适合/这/我/您/看/种/穿/夹克　　→ ______________________

(4) 送/您/谁/想/呢/给　　　　　　　→ ______________________

4 괄호 안에 들어갈 적합한 단어를 적으세요.

(1) 穿起来显得超帅气，颜色也很(　　　　)的。

입으니까 엄청 멋있어 보이시고, 색깔도 딱이네요.

(2) 您到前边去(　　　　)张打折卡吧。 앞쪽에 가서 할인카드를 만드세요.

(3) 这款夹克很有(　　　　)，也很帅气。 이 재킷은 고급스러우면서 멋도 있네요.

(4) 欢迎光临，(　　　　)乐天免税店。 어서 오세요. 롯데면세점입니다.

5 녹음을 듣고 다음 대화를 완성하세요.　TRACK **60**

(1) A ＿＿＿＿＿＿＿＿＿＿＿＿＿＿＿＿＿＿＿＿＿＿＿？

　　B 当然可以，试衣间就在这边。

(2) A ＿＿＿＿＿＿＿＿＿＿＿＿＿＿＿＿＿＿，小牛皮的吗？

　　B 这是羊皮的，您可以试试。

(3) A 这边也打折吗?

　　B ＿＿＿＿＿＿＿＿＿＿＿＿＿＿＿＿＿＿＿＿。

6 다음 상황을 떠올리면서 중국어로 말해보세요.

(1) 환영 인사와 함께 고객에게 도움이 필요한지 묻는 상황

(2) 옷을 입어본 고객에게 거울을 보기를 권하는 상황

(3) 면세점 우대카드가 있는지 묻는 상황

공항 이용 시 주의해야 할 사항 (3)
면세점

　면세점 이용은 출국 60일 전부터 온라인과 오프라인에서 가능합니다. 하지만 주류나 담배 등 일부 상품은 매장 방문 시에만 가능한 경우도 있습니다. 서울에 있는 면세점을 이용할 경우, 외국인은 매장에서 바로 물품을 가지고 갈 수 있지만 내국인은 공항 인도장에서만 물품 수령이 가능합니다.

　출국 시 면세 제품의 반입 가능 한도액은 미화 3,000달러입니다. 이는 수입 면세품에만 적용되며, 국내 브랜드는 금액 한도가 없습니다. 하지만 한국 입국 시에는 미화 600달러로 제한(2014년 9월 5일부터 400달러에서 상향 조정됨)되어 있으며, 이를 초과할 경우 반드시 신고를 해야 합니다. 서울 시내에 위치한 면세점에서 구입한 물품은 공항에서 건네받게 되며, 물건에 하자가 있을 경우 상품 인도 후 15일 이내에는 환불과 반품이 가능합니다.

　면세점에서는 종종 직장인을 위한 행사로 구매 금액에 따라 사은품과 쿠폰을 지급하는 경우가 있는데, 명품관은 이러한 행사에서 제외됩니다. 혹시 구매하고자 하는 상품이 매장에 없을 경우 스페셜 오더로 구매를 신청하면 상품이 입고되었을 때 메일이나 문자로 알려줍니다. 내국인의 경우 매장에서 상품을 직접 가지고 갈 수 없기 때문에 상품 구입 후 매장에서 지급하는 교환권과 여권, 탑승권을 가지고 공항의 상품 수령 장소로 가야 합니다.

　온라인으로 물품을 구입하면 쿠폰과 마일리지 적립이 자동으로 되기 때문에 유리한 점이 많습니다. 하지만 출국 당일 물품을 수령하려는 손님이 많아 탑승 시간에 영향을 줄 수 있으므로, 온라인 면세점을 이용할 때는 공항에 조금 일찍 도착해서 물품을 수령하는 것이 좋습니다.

13

쇼핑(2)

1. 실례지만 지금 계산하시겠습니까?

2. 현금으로 하실 건가요,
아니면 카드로 결제하실 건가요?

3. 일시불로 해주세요.

4. 영수증을 끊어주실 수 있나요?

5. 영수증이 없으면 반품이 불가능합니다.

A 请问，现在要买单吗①？
Qǐngwèn, xiànzài yào mǎidān ma?

B 好，买单吧。
Hǎo, mǎidān ba.

A 还要别的吗？
Hái yào biéde ma?

B 不用了，就买这些吧。
Búyòng le, jiù mǎi zhèxiē ba.

A 这边请吧②，您付现金呢，还是刷卡呢③？
Zhèbiān qǐng ba, nín fù xiànjīn ne, háishi shuākǎ ne?

B 刷卡吧。
Shuākǎ ba.

A 您想一次付清呢，还是分期付款呢④？
Nín xiǎng yícìfùqīng ne, háishi fēnqīfùkuǎn ne?

B 一次付清吧。
Yícìfùqīng ba.

A 好，这是您的信用卡和收据，
Hǎo, zhè shì nín de xìnyòngkǎ hé shōujù,
请拿好⑤。
qǐng ná hǎo.

买单 mǎidān 계산하다, 지불하다

今天我来**买单**吧。
Jīntiān wǒ lái mǎidān ba.
오늘은 제가 계산할게요.

付 fù 통 돈을 지불하다

刷卡器坏了，能**付**现金吗?
Shuākǎqì huài le, néng fù xiànjīn ma?
카드 단말기가 고장 났는데, 현금 결제
가능하실까요?

现金 xiànjīn 명 현금

您没有**现金**吗?
Nín méiyǒu xiànjīn ma?
현금 없으신가요?

刷卡 shuākǎ 통 카드로 결제하다

在这儿可以**刷卡**吗?
Zài zhèr kěyǐ shuākǎ ma?
여기 카드 결제가 되나요?

一次付清 yícìfùqīng
일괄지급, 일시불

一次付清可以打几折?
Yícìfùqīng kěyǐ dǎ jǐ zhé?
일시불로 결제하면 얼마나 할인되나요?

分期付款 fēnqīfùkuǎn
분할지급, 할부지급

如何**分期付款**最划算?
Rúhé fēnqīfùkuǎn zuì huásuàn?
할부를 어떻게 해야 가장 효과적일까요?

信用卡 xìnyòngkǎ 명 신용카드

我没有**信用卡**，只有这张
借记卡。
Wǒ méiyǒu xìnyòngkǎ, zhǐyǒu zhè
zhāng jièjìkǎ.
신용카드는 없고, 이 체크카드 한 장뿐이
에요.

收据 shōujù 명 영수증, 인수증

能给开张**收据**吗?
Néng gěi kāi zhāng shōujù ma?
영수증을 끊어주실 수 있나요?

주요 표현 파헤치기

① 现在要买单吗?

'现在要……吗? Xiànzài yào……ma?'는 '지금 ~하시겠습니까?'라는 의미로, 다음과 같은 표현들로 활용 가능합니다.

예 **现在要开房吗?** 지금 체크인 하시겠습니까?
Xiànzài yào kāifáng ma?

现在要退房吗? 지금 체크아웃 하시겠습니까?
Xiànzài yào tuìfáng ma?

② 这边请吧。

'这边请吧。 Zhèbiān qǐng ba.'는 종업원이 고객을 계산대까지 에스코트하는 경우에 쓰는 표현인데, 만약 고객에게 계산대 위치만을 알려줄 때는 다음과 같이 표현하면 됩니다.

예 **请到那边柜台吧。** 저쪽 계산대로 가세요.
Qǐng dào nàbiān guìtái ba.

③ 您付现金呢，还是刷卡呢?

지역에 따라서는 공항이나 식당 등에서도 카드가 안 되는 경우가 종종 있습니다. 혹은 카드가 되더라도 중국 BC카드(银联卡 yínliánkǎ)만 받는 경우도 있으니 사전에 문의를 하는 것이 좋습니다.

예 A **现在能刷卡吗?** 지금 카드 결제가 되나요?
Xiànzài néng shuākǎ ma?

B **网络不通，现在不能刷卡。** 네트워크 장애로 지금은 카드 결제를 할 수 없습니다.
Wǎngluò bù tōng, xiànzài bù néng shuākǎ.

A 这样的国际卡也能结帐吗？ 이런 해외 카드도 결제가 되나요?
Zhèyàng de guójìkǎ yě néng jiézhàng ma?

B 我们只收银联卡。 저희는 중국 BC카드만 받습니다.
Wǒmen zhǐ shōu yínliánkǎ.

④ 您想……呢，还是……呢？

이 문장에서 '想 xiǎng'은 '계획이나 의도'를 나타내며, '打算 dǎsuan'과 비슷한 의미로 쓰였습니다. 이러한 문형은 선택의문문으로, 둘 중 하나를 골라야 하는 상황에 자주 쓰입니다.

예 您想买衬衫呢，还是买裤子呢？ 셔츠를 사실 건가요, 아니면 바지를 사실 건가요?
Nín xiǎng mǎi chènshān ne, háishi mǎi kùzi ne?

⑤ 请拿好。

신용카드나 영수증 혹은 서류 등을 상대에게 건네는 상황에 쓰이는 표현입니다. 중국에서도 물건을 구입한 후 영수증을 잘 챙겨야만 나중에 '반품(退货 tuìhuò), 환불(退款 tuìkuǎn), 교환(退换 tuìhuàn)' 등이 가능합니다. 중국 정부에서는 '三包 sānbāo'라는 정책을 제정해서 이 세 가지 사항을 잘 지킬 것을 권고하고 있습니다.

예 这是您的收据，请拿好。没有收据，不能退货。
Zhè shì nín de shōujù, qǐng ná hǎo. Méiyǒu shōujù, bù néng tuìhuò.
여기 영수증입니다. 잘 챙기세요. 영수증이 없으면 반품이 불가능합니다.

응용 표현 활용하기

1 **이 옷은 색깔이 좀 어둡네요.**

这件衣服颜色有点暗。
Zhè jiàn yīfu yánsè yǒudiǎn àn.

'暗 àn'은 '어둡다'라는 의미로 부정적인 어감을 가지고 있습니다. 만약 이런 부정적인 어감 없이 단지 '색깔이 진하다'라는 의미를 나타낼 경우에는 '深 shēn'이라고 표현하면 됩니다. 쇼핑을 할 때는 '太⋯⋯了 tài⋯⋯le (너무 ~해요)'와 같이 강한 거부감을 드러내는 표현보다는 '有点 yǒudiǎn+형용사' 구조를 쓰는 편이 더 좋습니다.

예 这件衣服颜色有点淡。 이 옷은 색깔이 좀 연하네요.
Zhè jiàn yīfu yánsè yǒudiǎn dàn.

这件衣服颜色有点亮。 이 옷은 색깔이 좀 화려하네요.
Zhè jiàn yīfu yánsè yǒudiǎn liàng.

2 **3만원 받았습니다. 거스름돈 3천원입니다. 확인해주세요.**

您这是三万块，我找您三千块，请点清。
Nín zhè shì sānwàn kuài, wǒ zhǎo nín sānqiān kuài, qǐng diǎnqīng.

'点清 diǎnqīng'은 '정산하다, 정확하게 조사하다'라는 뜻으로, 인원수나 돈의 액수 등을 정확히 확인할 때 자주 쓰이는 표현입니다.

예 钱款要当面点清。 돈은 면전에서 분명하게 정산해야 합니다.
Qiánkuǎn yào dāngmiàn diǎnqīng.

3 요즘 제일 유행하는 스타일은 뭔가요?

最近最流行的款式是什么?
Zuìjìn zuì liúxíng de kuǎnshì shì shénme?

'款式 kuǎnshì'는 '스타일, 타입'이라는 뜻으로, 다음과 같은 표현으로 자주 쓰입니다.

예 **这种款式最受欢迎的。** 이런 스타일이 가장 인기가 좋습니다.
Zhè zhǒng kuǎnshì zuì shòu huānyíng de.

这种款式已经过时了。 이런 스타일은 이미 유행이 지났습니다.
Zhè zhǒng kuǎnshì yǐjing guòshí le.

这种款式很适合您的气质。 이런 스타일이 손님 분위기에 어울립니다.
Zhè zhǒng kuǎnshì hěn shìhé nín de qìzhì.

4 이 신발은 좀 꽉 끼네요.

这双鞋有点挤脚。
Zhè shuāng xié yǒudiǎn jǐjiǎo.

'挤脚 jǐjiǎo'는 '빡빡하다'라는 의미로, 발볼이 좁아서 발이 아플 때 쓰는 표현입니다. 신발을 살 때 다음과 같은 표현을 알아두면 유용하게 쓸 수 있습니다.

예 **这双鞋有点重。** 이 신발은 좀 무겁네요.
Zhè shuāng xié yǒudiǎn zhòng.

这双鞋有点窄。 이 신발은 발볼이 좀 좁네요.
Zhè shuāng xié yǒudiǎn zhǎi.

这双鞋很百搭。 이 신발은 코디가 쉬워요.
Zhè shuāng xié hěn bǎidā.

실력 확인하기

1 다음 제시된 한어병음을 단어별로 띄어 쓰고, 성조를 표기해보세요.

(1) Qingdaonabianguitaiba.　　→ ________________________

(2) Zheshinindeshoujuqingnahao.　→ ________________________

(3) Xianzainengshuakama?　　→ ________________________

(4) Ruhefenqifukuanzuihuasuan?　→ ________________________

2 괄호 안에 들어갈 적합한 단어를 보기에서 골라 적으세요.

> **보기**　　　点清　　　收　　　拿　　　有点

(1) 这件衣服颜色(　　　　)暗。

(2) 我们只(　　　　)银联卡。

(3) 这是您的收据，请(　　　　)好。

(4) 我找您三千块，请(　　　　)。

3 다음 제시된 단어들을 어순에 맞게 다시 쓰세요.

(1) 最/最近/是/的/流行/什么/款式　→ ________________________

(2) 点清/钱款/当面/要　　　→ ________________________

(3) 可以/一次付清/几/打/折　　→ ________________________

(4) 现在/吗/买单/请问/要　　→ ________________________

4 괄호 안에 들어갈 적합한 단어를 적으세요.

(1) 如何分期付款最(　　　　　)？ 할부를 어떻게 해야 가장 효과적일까요?

(2) 这样的国际卡也能(　　　　)吗？ 이런 해외 카드도 결제가 되나요?

(3) 能给开张(　　　　)吗？ 영수증을 끊어주실 수 있나요?

(4) 刷卡器坏了，能付(　　　　)吗？ 카드 단말기가 고장 났는데, 현금 결제 가능하실까요?

5 녹음을 듣고 다음 대화를 완성하세요. TRACK 65

(1) **A** 现在能刷卡吗？

　　　B ____。

(2) **A** 我要买单。

　　　B ____。

(3) **A** 还要别的吗？

　　　B ____。

6 다음 상황을 떠올리면서 중국어로 말해보세요.

(1) 오늘은 자신이 계산하겠다고 말하는 상황

(2) 신용카드는 없고 체크카드만 있다고 말하는 상황

(3) 영수증이 없으면 반품이 불가능하다고 말하는 상황

공항 이용 시 주의해야 할 사항 (4)

출입국 심사

　출입국을 할 때 가장 번거로운 것이 바로 출입국 심사대에 길게 줄을 서서 자신의 순서를 기다리는 일일 것입니다. 그러나 사전에 여권 정보와 지문을 등록하면 출입국 심사대에서 대면 심사를 면제받을 수 있습니다. 만 14~17세도 부모 동반 하에 신청이 가능하고, 구 여권 소지자의 경우도 신청이 가능합니다. 그러나 여권에 출입국 흔적을 훈장과 같이 남기고 싶은 사람이라면 아무리 번거럽더라도 대면 심사를 거치는 것이 좋겠죠?

　자동 출입국 심사를 이용하려면 인천공항을 기준으로 3층 E구역과 F구역 사이에 설치된 '법무부 자동 출입국 심사 등록센터'를 방문해야 합니다. 그리고 본인의 여권을 제시하면 기본 정보를 확인한 후 정보 활용에 동의하게 됩니다. 지문을 등록하고, 얼굴 정면을 사진으로 찍게 되는데, 등록이 완료되면 '등록 확인 스티커'를 여권에 부착해줍니다. 마지막으로 등록센터에 설치되어 있는 시뮬레이터를 통과하여 등록 여부를 최종 점검하게 됩니다.

　자동 출입국 심사는 등록 유효기간 동안에만 이용이 가능하며, 여권이 변경된 경우에는 재등록을 해야 합니다. 유아를 동반할 경우에는 일반 심사대를 이용해야 하고, 출입국 정책 등 필요 시에는 자동 출입국 심사대 이용이 제한될 수 있다고 하니 참고하세요.

　길게 늘어서 있는 출입국 관리대를 무사 통과할 수 있는 '출입국 하이패스'를 본인의 여권에 장착하는 것도 해외 여행 시에 아주 유용할 것 같네요.

모범 답안 _및 해석

A 기사님, (이 차) 가나요?

B 갑니다. 어디까지 가시나요?

A 쿤룬 호텔이요.

B 500위안 어떠세요?

A 농담하시는 거죠? 미터기 요금으로 갑시다.

B 그래요. 타세요.

A 우선 트렁크를 열어주시고, 이리 와서 저 좀 도와주시겠어요?

실력 확인하기

1

(1) Hǎo, shàngchē ba.

(2) Nín qù nǎr?

(3) Shénmeshíhòu zǒu ne?

(4) Shīfu, qù jīchǎng ba.

2

(1) 别

(2) 走

(3) 先

(4) 能

3

(1) 请在这边稍等。

(2) 收音机的声音小一点好吗？

(3) 要走高速吗？

(4) 这附近有饭店吗？

4

(1) 一下

(2) 赶，一点

(3) 次

(4) 满

5

(1) 我们坐地铁去吧。

(2) 出租车司机。

(3) 好，请稍等。

6

(1) 三千零五十

(2) 一万零一十

(3) 五点七五

(4) 零一零三一四七五五六七
   (líng yāo líng sān yāo sì qī wǔ wǔ liù qī)

A (가는) 길 아세요? 제가 잘 몰라서요.

B 우선 이 지도를 좀 보세요.

                ......

A 앞이 바로 우다오커우 지하철역인데, 이제 어떻게 가야 하나요?

B 기사님, 앞쪽 길에서 우선 우회전해주세요.

A 그러고 나서는요?

B 앞쪽 길에서 유턴해주세요. 됐습니다. 길가에 세워주세요.

A 영수증 드릴까요?

B 괜찮습니다. 감사합니다.

실력 확인하기

1

(1) Qiánbiān lùkǒu diào ge tóu ba.

(2) Nín rènlù ma?

(3) Ránhòu zěnme zǒu ne?

(4) Yòufāng kàobiān tíngchē ba.

2

(1) 张

(2) 往

(3) 呢

(4) 靠

3

(1) 如果不堵车，半个钟头就能到。

(2) 从这儿到那儿需要多长时间?

(3) 请到五道口地铁站吧。

(4) 在这儿可以靠边停车吗?

4

(1) 包

(2) 从

(3) 发票

(4) 介意

5

(1) 您要发票吗?

(2) 在红绿灯那儿。

(3) 现在为什么这么堵车呢?

6

(1) 我不太认路，你来带路吧。
제가 길을 잘 모르니 길을 안내해주세요.

(2) 什么手机地图比较好用?
어떤 휴대전화 지도 어플이 쓸 만한가요?

(3) 在这个路口可以掉头吗?
이 길목에서 유턴이 가능한가요?

03 호텔에서(1)

A 안녕하십니까? 베이징 호텔입니다.

B 실례지만 객실이 있나요?

A 어떤 객실을 원하시나요?

B 스탠다드룸이요.

A 죄송하지만 지금은 1인실 밖에 없습니다.

B 그것도 괜찮아요. 방 주세요.

A 잠시만 기다려주시고, 이 투숙카드를 우선 작성해주세요.

1

(1) Kěyǐ jiāchuáng ma?

(2) Zuìjìn fángjiān yùdìng hěn jǐnzhāng.

(3) Xiànzài zhǐyǒu biāozhǔnjiān.

(4) Dānrénjiān yě xíng.

2

(1) 住

(2) 名义

(3) 开

(4) 加，加

3

(1) 入住登记卡需要填手机号码吗?

(2) 您预订了房间了吗?

(3) 没有带浴室的单人间也行。

(4) 您要什么样的房间?

4

(1) 填

(2) 租

(3) 只有

(4) 腾

5

(1) 那也行，开房吧。

(2) 您用过小冰箱吗?

(3) 住三天，押金是多少?

6

我要一个标准间，要加一张床。住一天，押金是多少?
스탠다드룸 하나를 원합니다. 엑스트라 베드를 넣어주세요. 1박에
보증금이 얼마죠?

04 호텔에서(2)

상황 회화 익히기

A 여보세요? 프런트죠?

B 네, 뭐 도와드릴 게 있나요?

A 무선 네트워크를 쓰려고 하는데, 비밀번호가 어떻게 되죠?

B HOTEL123입니다. 제대로 들으셨나요?

A 제대로 들었습니다. 내일 아침 7시에 모닝콜을 해주실 수 있을까요?

B 그럼요. 더 필요한 것이 있으신가요?

A 없습니다. 감사합니다.

B 별말씀을요.

실력 확인하기

1

(1) Yǒu shénme xūyào zhùyì de ma?

(2) Wǒ yào dǎ chángtú diànhuà.

(3) Wǒ yào chūqù yíxià.

(4) Fúwù zǒngtái de diànhuà shì duōshao?

2

(1) 喂

(2) 带

(3) 多少

(4) 那儿

3

(1) 我要打外线，怎么打呢？

(2) 这是您的叫醒电话。

(3) 在这儿能寄存行李吗？

(4) 有什么需要帮忙吗？

4

(1) 需要

(2) 叫醒

(3) 付费，付费

(4) 无线网络

5

(1) 先拨零，然后拨电话号码吧。

(2) 可以，还要别的吗？

(3) 密码是12345，听清楚了吗？

6

(1) 我要出去一下，在这儿能寄存行李吗？
잠시 나가려고 하는데 여기에 짐을 맡길 수 있나요?

(2) 无线网络，在这儿可以用吗？
무선 네트워크를 여기에서 쓸 수 있나요?

(3) 您申请了明天叫早了吗？
내일 모닝콜을 신청해두셨나요?

05 식당에서(1)

상황 회화 익히기

A 어서 오세요. 모두 몇 분이시죠?

B 일곱 명입니다. 자리 있나요?

A 있습니다. 2층으로 가세요. 이쪽입니다.

B 우리는 다 해서 일곱 명인데, 의자 하나가 부족하네요.

A 잠시만 기다려주세요. 바로 가져다드리겠습니다.

B 차는 돈을 받나요?

A 받습니다. 한 주전자에 10위안입니다.

실력 확인하기

1

(1) Yǒu zuòwèi ma?

(2) Qǐng dào èrlóu.

(3) Zhèbiān qǐng.

(4) Yígòng duōshaoqián?

2

(1) 儿童

(2) 把

(3) 也

(4) 壶

3

⑴ 现在餐厅还有座位吗?

⑵ 您点的菜马上就好。

⑶ 我们这儿有雅座，您要吗?

⑷ 请拿来一双筷子，好吗?

4

⑴ 留下

⑵ 收费

⑶ 再来

⑷ 查

5

⑴ 多少钱一斤呢?

⑵ 七个人，有座位吗?

⑶ 请稍等，马上给您拿来。

6

七月十号晚上八点，我想预订一张六人桌的座位。
7월 10일 저녁 8시에 6명이 식사할 자리를 예약하고 싶습니다.

---

06 식당에서(2)

A 식사 자리를 예약하고 싶은데요.

B 언제죠? 모두 몇 분이십니까?

A 이번 주 토요일 저녁 7시에 6명인데 예약이 가능한가요?

B 가능합니다. 존함이 어떻게 되십니까?

A 이 씨입니다. 용성의 이 과장입니다.

B 이 과장님, 여섯 분, 8일, 토요일 저녁 7시에 예약해드렸습니다.

A 감사합니다.

B 별말씀을요. 이번 주 토요일에 뵙겠습니다.

1

⑴ Xièxie gèwèi de guānglín.

⑵ Wèi nín yùdìng le liù wèi.

⑶ Nín lái tuījiàn yíxià jǐ dào cài ba.

⑷ Wǒ yòng diànhuà yùdìng de.

2

⑴ 位

⑵ 为

⑶ 帮

⑷ 要

3

⑴ 我要禁烟区的座位。

⑵ 今天的推荐餐是什么?

⑶ 可以在网上预订餐桌吗?

⑷ 我们期待您的回复。

4

⑴ 名字

⑵ 也就是

⑶ 光临

⑷ 免

5

⑴ 可以，您贵姓?

⑵ 我可以借一下这把椅子吗?

⑶ 我用电话预订的，请您查一下。

6

⑴ 请问，要用谁的名字来预约?
실례지만 어떤 분 성함으로 예약하실 건가요?

⑵ 我要吸烟区的位子。
저는 흡연석으로 주세요.

⑶ 哪个菜是最受欢迎的?
어떤 요리가 가장 인기가 좋나요?

A 이쪽으로 앉으세요. 여기 메뉴판입니다.

B 여기 특색 요리가 뭐죠?

A 매운 것을 드실 수 있나요?

B 저는 매운 것을 먹을 수 있지만, 매운 것을 못 먹는 사람도 있어요.

A 그럼 코스로 시키시죠. 이렇게 하면 가격이 좀 더 싸집니다.

B 그래요. 그렇게 하죠.

A 음료는 어떤 것으로 드릴까요?

B 생수 두 병하고 맥주 한 병 주세요.

A 더 필요한 것이 있으신가요?

B 우선 먹어보고 더 시킬게요.

실력 확인하기

1

(1) Zhèyàng bǐjiào piányi diǎnr.

(2) Hē shénme jiǔshuǐ?

(3) Xiān diǎn shénme hǎo ne?

(4) Jīntiān de tuījiàncài shì shénme?

2

(1) 打

(2) 稍微

(3) 叫

(4) 齐

3

(1) 她长得比较漂亮。

(2) 这是我们餐厅的特色菜。

(3) 太辣了，加点糖吧。

(4) 把这个撤走吧。

4

(1) 辣

(2) 就这样

(3) 酒水

(4) 菜单

5

(1) 您是带走，还是在这儿吃?

(2) 你们这儿的招牌菜是什么?

(3) 先吃了再点吧。

6

(1) 我们点的菜都上齐了吗?
우리가 주문한 요리가 다 나왔나요?

(2) 点套餐吧，这样比较便宜点儿。
코스로 시키세요. 이렇게 하면 가격이 좀 더 싸집니다.

(3) 能送外卖吗?
배달해주실 수 있나요?

A 짐이 모두 몇 개시죠?

B 두 개입니다.

A 이건 안 부치실 건가요?

B 네. 이건 들고 탈 겁니다. 창가 자리가 있나요?

A 죄송하지만 지금은 없습니다. 여기 탑승권입니다.

B 감사합니다.

A 별말씀을요.

실력 확인하기

1

(1) Zhè ge bù tuōyùn ma?

(2) Wǒ de dēngjīpái bújiàn le.

(3) Zhè bú shì wǒ de hùzhào.

(4) Wǒ lái bàn xìnyòngkǎ.

2

(1) 办

(2) 才

(3) 靠

(4) 当

3

(1) 您一共有几件行李？

(2) 这个可以手提吗？

(3) 我要靠走道的座位。

(4) 这是您的护照。

4

(1) 托运

(2) 来货

(3) 晚点

(4) 不见

5

(1) 对不起，我给错了。

(2) 不好意思，现在没有。

(3) 不，这是手提的。

6

这个星期天下午，我要去首尔，有票吗？
이번 주 일요일 오후에 서울에 가려고 하는데, 표가 있나요?

---

09 기내에서

A 저기요!

B 선생님, 도와드릴 게 있나요?

A 생수 있나요? 제가 약을 먹어야 해서요.

B 네. 잠시만 기다려주세요. … 선생님, 여기 말씀하신 생수 있습니다.

A 감사합니다. 여기 담요도 있나요?

B 바로 가져다드리겠습니다. … 오래 기다리시게 했네요. 여기 말씀하신 담요입니다.

A 감사합니다. 이 담요 가지고 가도 되나요?

B 선생님, 죄송하지만 이건 가지고 내리실 수 없습니다.

1

(1) Wǒ yào chīyào.

(2) Fúwùyuán, néng kāi kōngtiáo ma?

(3) Zhèr méiyǒu fúwùyuán ma?

(4) Nín xiānsheng zài nǎr gōngzuò?

2

(1) 帮

(2) 来

(3) 马上

(4) 收拾

3

(1) 先生，这是您的矿泉水。

(2) 您得准时吃药。

(3) 请给我一条毯子。

(4) 服务员，能开空调吗？

4

(1) 久等

(2) 带走

(3) 先生

(4) 毛毯

5

(1) 用完了吗？

(2) 要加点儿冰块儿吗？

(3) 这毛毯可以带走吗？

6

(1) 先生，您需要哪种正餐？
선생님, 어떤 정찬을 원하시나요?

(2) 在这儿可以抽烟吗？
여기에서 담배를 피워도 괜찮겠습니까?

(3) 请把空调开大一点儿。
에어컨을 좀 세게 틀어주세요.

10 공항에서

A 실례지만 짐은 어디에 가서 찾아야 하나요?

B 내려가시면 바로 있습니다.

A 동방항공 수하물은 다 나왔나요?

B 네. 다 나왔습니다.

A 제 짐이 왜 안 보일까요?

B 제가 찾아봐드릴게요. 수하물표는요?

A 여기요. 찾을 수 있을까요?

B 여기에 전화번호를 남겨주세요.

A 여기 제 전화번호입니다. 부탁드릴게요.

1

(1) Wǒ de xíngli zěnme bújiàn le ne?

(2) Zài nǎr bàn jīfēnkǎ ne?

(3) Nín zài zhèr liúxià liánxì dìzhǐ ba.

(4) Yǒu shénme dōngxi yào shēnbào ma?

2

(1) 打

(2) 给

(3) 递

(4) 拐

3

(1) 东方航空的行李都出来了吗?

(2) 往前走五分钟就是。

(3) 在这儿可以积分吗?

(4) 请到前边的服务台去办吧。

4

(1) 凭借

(2) 亲自

(3) 不见了

(4) 下楼

5

(1) 这是我的电话，拜托您了。

(2) 您来访的目的是什么?

(3) 一下楼就是。

6

(1) 有什么东西要申报吗?
신고할 물품이 있으신가요?

(2) 您打算住哪儿，停留多长时间?
어디에 묵으실 건가요? 체류 기간은요?

(3) 您在这儿留下您的姓名吧。
여기에 성함을 남겨두세요.

11 은행에서

A 안녕하세요. 환전을 하려고 하는데요.

B 우선 이 목록을 작성해주세요.

A 이렇게 쓰면 되나요?

B 네. 여권은 가지고 오셨죠?

A 네. 여기요. 오늘 환율은 어떻게 되나요?

B 1달러에 6위안 70전입니다. 얼마나 환전하실 건가요?

A 300달러입니다.

1

(1) Zhèyàng xiě kěyǐ ma?

(2) Shēnfēnzhèng dàilái le ba?

(3) Wǒ yào kāi yí ge zhànghù.

(4) Wǒ de xìnyòngkǎ diū le.

2

(1) 办

(2) 填

(3) 会儿

(4) 牌价

3

(1) 这张单子这样填写可以吗?

(2) 我要开一个活期账户。

(3) 今天的汇率是多少?

(4) 先取号等待叫号吧。

4

(1) 吞

(2) 挂失

(3) 锁定

(4) 换成

5

(1) 这附近有换钱的地方吗?

(2) 护照带来了吧?

(3) 今天的兑换价是多少?

6

(1) 我要换三百美金。
   저는 300달러를 환전하고 싶습니다.

(2) 今天美元兑换人民币是多少?
   오늘 달러를 위안화로 바꾸면 얼마인가요?

(3) 去哪儿换钱最划算?
   어디에 가서 환전을 해야 가장 이득일까요?

12 쇼핑(1)

A 어서 오세요. 롯데면세점입니다. 뭘 도와드릴까요?

B 겨울에 입는 재킷은 여기 있는 게 다인가요?

A 네, 선생님. 본인이 입으실 건가요? 아니면 선물하실 건가요?

B 제가 입을 겁니다. 이 옷은 촉감이 아주 좋네요. 송아지 가죽
  인가요?

A 이건 양가죽인데, 한번 입어보세요. 이쪽으로 와서 거울을 보
  세요.

B 어때 보이나요?

A 입으니까 엄청 멋있어 보이시고, 색깔도 딱이네요.

B 이것도 할인이 되나요?

A 앞쪽에 가서 할인카드를 만드세요. 카드가 있으면 10% 할인
  이 가능합니다.

1

(1) Wǒmen shì bùhuánjià de.

(2) Chuānqilai xiǎnde hěn jīngshen.

(3) Néng dǎ jǐ zhé ne?

(4) Dàxiǎo héshì, yánsè yě hěn zhèng.

2

(1) 就

(2) 讲

(3) 还是

(4) 打，折

3

(1) 您有这家免税店的优惠卡吗?

(2) 这样穿让您显得更年轻。

(3) 我看，这种夹克适合您穿。

(4) 您想送给谁呢?

4

(1) 正

(2) 办

(3) 档次

(4) 这是

5

(1) 我可以试一试吗?

(2) 这件手感挺不错

(3) 不好意思，只有这边打折。

6

(1) 欢迎光临，需要帮忙吗?
   어서 오세요. 뭘 도와드릴까요?

(2) 到这边来照照镜子吧。
   이쪽으로 와서 거울을 보세요.

(3) 您有这家免税店的优惠卡吗?
   이 면세점 우대카드가 있으신가요?

13 쇼핑(2)

A 실례지만 지금 계산하시겠습니까?

B 그러죠. 계산해주세요.

A 더 필요한 것이 있으신가요?

B 됐습니다. 이것들만 살게요.

A 이쪽으로 오세요. 현금으로 하실 건가요, 아니면 카드로 결제하실 건가요?

B 카드로 결제할게요.

A 일시불로 하실 건가요, 할부로 하실 건가요?

B 일시불로 해주세요.

A 네. 여기 신용카드와 영수증입니다. 잘 챙기세요.

1

(1) Qǐng dào nàbiān guìtái ba.

(2) Zhè shì nín de shōujù, qǐng ná hǎo.

(3) Xiànzài néng shuākǎ ma?

(4) Rúhé fēnqīfùkuǎn zuì huásuàn?

2

(1) 有点

(2) 收

(3) 拿

(4) 点清

3

(1) 最近最流行的款式是什么?

(2) 钱款要当面点清。

(3) 一次付清可以打几折?

(4) 请问，现在要买单吗?

4

(1) 划算

(2) 结帐

(3) 收据

(4) 现金

5

(1) 网络不通，现在不能刷卡。

(2) 请到那边柜台吧。

(3) 不用了，就买这些吧。

6

(1) 今天我来买单吧。
오늘은 제가 계산할게요.

(2) 我没有信用卡，只有这张借记卡。
신용카드는 없고, 이 체크카드 한 장뿐이에요.

(3) 没有收据，不能退货。
영수증이 없으면 반품이 불가능합니다.

관광중국어 마스터

기본편

미니 표현집

차례

교 재 보 충 표 현 모 음

택시에서

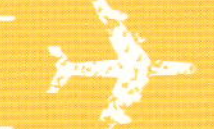

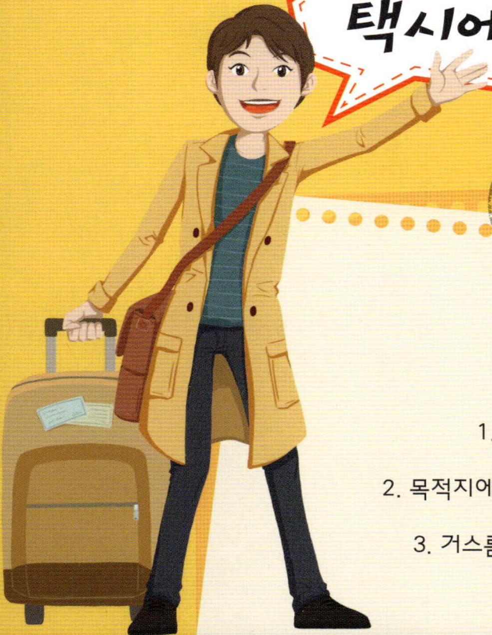

1. 길 확인하기
2. 목적지에 택시 세우기
3. 거스름돈 주고받기

A 앞에서 우회전해야 하는 것 아닌가요?

是不是在前边路口右转?
Shì bu shì zài qiánbiān lùkǒu yòu zhuǎn?

B 네, 우회전해야 해요.

是，应该右转。
Shì, yīnggāi yòu zhuǎn.

B 아니요. 직진하세요.

不是，直走吧。
Bú shì, zhízǒu ba.

B 아니요. 다음 번 길목에서 우회전하세요.

不是，到了下个路口右转吧。
Bú shì, dào le xià ge lùkǒu yòu zhuǎn ba.

◎ **앞쪽 길목에서 세워주세요.**

前边路口停一下。
Qiánbiān lùkǒu tíng yíxià.

◎ **앞쪽 신호등 있는 데서 세워주세요.**

前边红绿灯那儿停一下。
Qiánbiān hónglǜdēng nàr tíng yíxià.

◎ **앞쪽 사거리에서 좌회전한 다음에 세워주세요.**

前边十字路口左转后停一下。
Qiánbiān shízì lùkǒu zuǒ zhuǎn hòu tíng yíxià.

◎ **횡단보도 건너서 세워주세요.**

请过了人行横道后停一下。
Qǐng guò le rénxínghéngdào hòu tíng yíxià.

◎ **백위안짜리 거슬러주실 수 있나요?**

一百块能破得开吗?
Yì bǎi kuài néng pòdekāi ma?

◎ **잔돈이 모자랍니다.**

零钱不够。
Língqián búgòu.

◎ **잔돈은 거슬러주실 필요 없어요.**

不用找零了。
Búyòng zhǎolíng le.

1. 객실 예약하기

2. 객실 확인하기

3. 조식 확인하기

4. 짐 들어주기

5. 객실에서 물품 요청하기

6. 객실에 물건을 두고 나왔을 때

A 지금 방을 예약할 수 있을까요?

现在可以预订房间吗?

Xiànzài kěyǐ yùdìng fángjiān ma?

B 언제쯤 도착하시나요?

您大概几点到?

Nín dàgài jǐ diǎn dào?

A 오후 3시쯤 도착합니다.

下午三点左右吧。

Xiàwǔ sān diǎn zuǒyòu ba.

B 얼마 동안 묵으실 건가요?

您要住几天?

Nín yào zhù jǐ tiān?

A 오늘부터 이틀간 묵을 예정입니다.

从今天起住两天。

Cóng jīntiān qǐ zhù liǎngtiān.

A 지금 방이 있나요?

现在有空房间没有?
Xiànzài yǒu kōng fángjiān méiyǒu?

B 죄송하지만 지금 빈방이 없습니다.

不好意思，现在没有空房。
Bùhǎoyìsi, xiànzài méiyǒu kōngfáng.

A 그럼 내일이면 싱글룸 자리가 하나 날 수 있을까요?

那，明天会有一个单人间空出来吗?
Nà, míngtiān huì yǒu yí ge dānrénjiān kòngchulai ma?

◎ **이 객실 가격은 조식이 포함된 건가요?**

这房费里包括早餐吗?

Zhè fángfèi li bāokuò zǎocān ma?

◎ **조식은 어디에서 몇 시부터 하나요?**

早餐在什么地方，几点开始?

Zǎocān zài shénme dìfang, jǐ diǎn kāishǐ?

◎ **조식은 예약을 해야 하나요?**

吃早餐要预定吗?

Chī zǎocān yào yùdìng ma?

◎ **조식은 뷔페인가요, 정식인가요?**

早餐是自助餐还是套餐?

Zǎocān shì zìzhùcān háishi tàocān?

A 짐 드는 걸 도와드릴까요?

您需要帮忙提行李吗?
Nín xūyào bāngmáng tí xíngli ma?

B 감사합니다. 수고를 끼치게 됐군요.

谢谢，麻烦您了。
Xièxie, máfan nín le.

B 괜찮습니다. 제가 할게요.

不用了，我自己来吧。
Búyòng le, wǒ zìjǐ lái ba.

◎ 죄송하지만 수건 좀 가져다주시겠어요?

麻烦您，请给我拿条毛巾好吗？

Máfan nín, qǐng gěi wǒ ná tiáo máojīn hǎo ma?

◎ 죄송하지만 샴푸 좀 가져다주시겠어요?

麻烦您，请给我拿瓶洗发水好吗？

Máfan nín, qǐng gěi wǒ ná píng xǐfàshuǐ hǎo ma?

◎ 죄송하지만 비누 좀 가져다주시겠어요?

麻烦您，请给我拿块肥皂好吗？

Máfan nín, qǐng gěi wǒ ná kuài féizào hǎo ma?

◎ 죄송하지만 랜선 좀 가져다주시겠어요?

麻烦您，请给我拿条网线好吗？

Máfan nín, qǐng gěi wǒ ná tiáo wǎngxiàn hǎo ma?

6 객실에 물건을 두고 나왔을 때

◎ **객실 카드를 방 안에 두고 나왔습니다.**

我把房卡忘在房间里了。
Wǒ bǎ fángkǎ wàng zài fángjiān li le.

◎ **지갑을 방 안에 두고 나왔습니다.**

我把钱包忘在房间里了。
Wǒ bǎ qiánbāo wàng zài fángjiān li le.

◎ **우산을 방 안에 두고 나왔습니다.**

我把雨伞忘在房间里了。
Wǒ bǎ yǔsǎn wàng zài fángjiān li le.

◎ **휴대전화를 방 안에 두고 나왔습니다.**

我把手机忘在房间里了。
Wǒ bǎ shǒujī wàng zài fángjiān li le.

식당에서

1. 특정 자리 요구하기

2. 술이나 음료 주문하기

3. 옆 사람과 같은 메뉴 주문하기

4. 피해야 할 음식 설명하기

5. 만두 속 물어보기

6. 물품 요청하기

7. 화장실 위치 물어보기

8. 결제하기

◎ **저는 구석 자리를 원합니다.**

我要角落的座位。
Wǒ yào jiǎoluò de zuòwèi.

◎ **저는 창가 쪽 자리를 원합니다.**

我要靠窗的座位。
Wǒ yào kào chuāng de zuòwèi.

◎ **저는 무대와 가까운 자리를 원합니다.**

我要接近舞台的座位。
Wǒ yào jiējìn wǔtái de zuòwèi.

◎ **콜라 2병 주세요.**

来两瓶可乐。
Lái liǎng píng kělè.

◎ **얼음 채워서 주세요.**

要冰镇的。
Yào bīngzhèn de.

◎ **술을 잔으로도 시킬 수 있나요?**

我可以点杯酒吗？
Wǒ kěyǐ diǎn bēi jiǔ ma?

◎ **이 술을 남겼는데, 여기 키핑되나요?**

这瓶酒没喝完，在这儿能存放吗？
Zhè píng jiǔ méi hē wán, zài zhèr néng cúnfàng ma?

◎ **기네스**

健力士

Jiànlìshì

◎ **호가든**

豪格登

Háogédēng

◎ **하이네켄**

喜力

Xǐlì

◎ **칼스버그**

嘉士伯

Jiāshìbó

◎ **버드와이저**

百威

Bǎiwēi

◎ **밀러**

美乐

Měilè

◎ **코로나**

科罗娜

Kēluónà

◎ **기린**

麒麟

Qílín

◎ **아사히**

朝日

Zhāorì

◎ **삿포로**

三宝乐

Sānbǎolè

◎ **옆 테이블과 같은 걸로 주세요.**

我要跟那桌吃的一样的菜。
Wǒ yào gēn nà zhuō chī de yíyàng de cài.

◎ **저도 저 사람들이 먹는 걸로 주세요.**

我也要他们吃的那道菜。
Wǒ yě yào tāmen chī de nà dào cài.

◎ **저쪽 테이블에서 먹는 음식은 이름이 뭐죠?**

那边他们吃的菜叫什么？
Nàbiān tāmen chī de cài jiào shénme?

◎ **저는 지방이 있는 음식을 피해야 합니다.**

我必须避免含油脂的食物。
Wǒ bìxū bìmiǎn hán yóuzhǐ de shíwù.

◎ **저는 염분이 있는 음식을 피해야 합니다.**

我必须避免含盐份的食物。
Wǒ bìxū bìmiǎn hán yánfèn de shíwù.

◎ **저는 당분이 있는 음식을 피해야 합니다.**

我必须避免含糖份的食物。
Wǒ bìxū bìmiǎn hán tángfèn de shíwù.

◎ **(만두) 속이 뭐죠?**

什么馅儿的?
Shénme xiànr de?

◎ **세 가지 해산물**

三鲜
sānxiān

◎ **돼지고기와 부추**

猪肉韭菜
zhūròu jiǔcài

◎ **생 채소와 고기 간 것**

生菜肉馅
shēngcài ròuxiàn

◎ **익힌 채소와 고기 간 것**

熟菜肉馅
shúcài ròuxiàn

◎ **새우나 새우살**

虾仁
xiārén

◎ **작게 썬 닭고기**

鸡丁
jīdīng

◎ **양고기**

羊肉
yángròu

◎ **냅킨 한 통 가져다주시겠어요?**

拿包餐巾纸好吗?
Ná bāo cānjīnzhǐ hǎo ma?

◎ **젓가락 좀 가져다주시겠어요?**

拿来筷子好吗?
Nálai kuàizi hǎo ma?

◎ **물수건 좀 가져다주시겠어요?**

拿来湿巾好吗?
Nálai shījīn hǎo ma?

◎ **잔 좀 가져다주시겠어요?**

拿来杯子好吗?
Nálai bēizi hǎo ma?

A 화장실이 어디에 있죠?

洗手间在哪儿?

Xǐshǒujiān zài nǎr?

B 앞쪽에 바로 있습니다.

前边就是。

Qiánbiān jiùshì.

B 나가셔서 오른쪽(왼쪽)입니다.

出大门的右(左)侧。

Chū dàmén de yòu(zuǒ)cè.

B 끝까지 가셔서 오른쪽(왼쪽)으로 가세요.

走到头往右(左)拐吧。

Zǒu dàotóu wǎng yòu(zuǒ) guǎi ba.

B 끝까지 가셔서 오른편(왼편)에 있습니다.

走到头右(左)侧就是了。

Zǒu dàotóu yòu(zuǒ)cè jiùshì le.

A 여기 카드 받나요?

在这儿能刷卡吗?
Zài zhèr néng shuākǎ ma?

B 물론 되죠.

当然可以。
Dāngrán kěyǐ.

B 죄송하지만 저희는 현금만 받습니다.

对不起，我们只收现金。
Duìbuqǐ, wǒmen zhǐ shōu xiànjīn.

◎ 카드 계산서입니다. 여기에 사인해주세요.

这是您的账单，请在这儿签字吧。
Zhè shì nín de zhàngdān, qǐng zài zhèr qiānzì ba.

◎ 영수증 끊어주세요.

给我发票吧。
Gěi wǒ fāpiào ba.

교 재 보 충 표 현 모 음

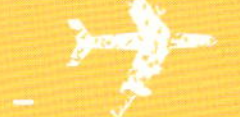

공항에서

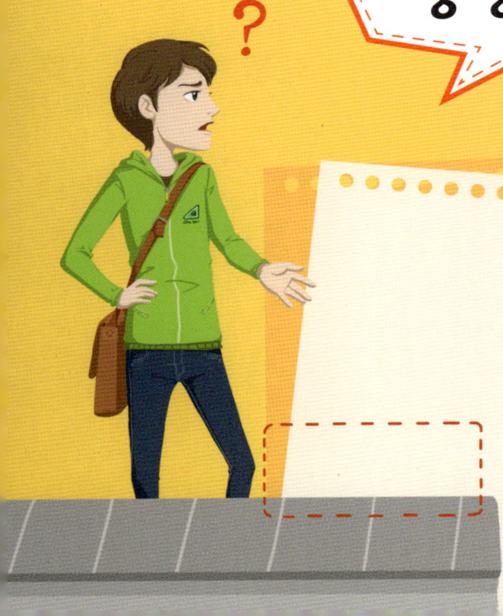

1. 장소 묻기
2. 짐 찾기
3. 교통수단 묻기

◎ **분실물센터는 어디 있죠?**

失物招领处在哪儿?

Shīwùzhāolǐngchù zài nǎr?

◎ **흡연실은 어디 있죠?**

吸烟室在哪儿?

Xīyānshì zài nǎr?

◎ **어디에서 담배를 피울 수 있죠?**

在哪儿能抽烟呢?

Zài nǎr néng chōuyān ne?

◎ **어디에서 환전을 할 수 있죠?**

在哪儿能换钱呢?

Zài nǎr néng huànqián ne?

◎ **어디에서 샤워를 할 수 있죠?**

在哪儿能洗澡呢?

Zài nǎr néng xǐzǎo ne?

2 짐 찾기

A 제 짐을 찾을 수가 없네요.

我的行李找不到了。

Wǒ de xíngli zhǎobudào le.

B 어떤 짐인가요?

什么样的行李?

Shénmeyàng de xíngli?

A 검은색 가죽 트렁크와 빨간색 배낭입니다.

一个黑色的皮箱和一个红色的背包。

Yí ge hēisè de píxiāng hé yí ge hóngsè de bèibāo.

B 이 짐이 맞나요?

这个行李是您的吗?

Zhè ge xíngli shì nín de ma?

A 아니요. 이건 제 것이 아닌데요.

不，这不是我的。

Bù, zhè bú shì wǒ de.

◎ **공항리무진은 어디에서 타나요?**

机场大巴在哪儿坐呢?

Jīchǎng dàbā zài nǎr zuò ne?

◎ **베이징호텔까지 가는 리무진이 있나요?**

有没有开往北京饭店的大巴?

Yǒu méiyǒu kāiwǎng Běijīng fàndiàn de dàbā?

◎ **어디에서 택시를 타나요?**

在哪儿打的呢?

Zài nǎr dǎdī ne?

교 재 보 충 표 현 모 음

기내에서

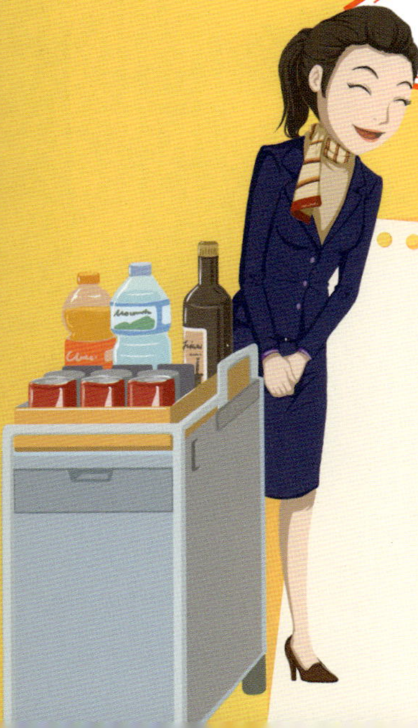

1. 멀미를 할 때
2. 옆 사람에게 부탁이나 질문하기
3. 물품 요청하기

◎ **토할 것 같아요.**

我觉得恶心。
Wǒ juéde ěxin.

◎ **멀미약을 주실 수 있나요?**

能给我晕机药吗?
Néng gěi wǒ yùnjīyào ma?

◎ **위생봉투가 있나요?**

有呕吐袋吗?
Yǒu ǒutùdài ma?

◎ **좀 지나갈 수 있을까요?**

我能过去吗?
Wǒ néng guòqu ma?

◎ **좀 나갈게요.**

我要出去一下。
Wǒ yào chūqu yíxià.

◎ **실례지만 옆에 앉는 사람이 있나요?**

请问，旁边有人吗?
Qǐngwèn, pángbiān yǒu rén ma?

◎ **저하고 자리 좀 바꿔주시겠어요?**

可以跟我换座位吗?
Kěyǐ gēn wǒ huàn zuòwèi ma?

TRACK **88**

◎ **펜 있나요?**

有笔吗?
Yǒu bǐ ma?

◎ **물수건 있나요?**

有湿巾吗?
Yǒu shījīn ma?

◎ **입국카드 있나요?**

有入境卡吗?
Yǒu rùjìngkǎ ma?

◎ **출국카드 있나요?**

有出境卡吗?
Yǒu chūjìngkǎ ma?

출입국 심사

1. 소지품 검사

2. 세관 검사

3. 물품 신고

A 이 가방 한번 열어봐주세요.

这个包，请打开一下。

Zhè ge bāo, qǐng dǎkāi yíxià.

B 무슨 문제가 있나요?

有什么问题吗？

Yǒu shénme wèntí ma?

A 안에 라이터가 두 개 있네요.

里边有两个打火机。

Lǐbian yǒu liǎng ge dǎhuǒjī.

B 한 개도 못 가져가나요?

一个也不能带吗？

Yí ge yě bù néng dài ma?

A 안 됩니다. 다 꺼내주세요.

不行，都拿出来吧。

Bùxíng, dōu náchulai ba.

A 이건 친구에게 선물할 위스키 두 병입니다.

这是两瓶威士忌，送朋友的。

Zhè shì liǎng píng wēishìjì, sòng péngyou de.

B 규정에 따르면, 한 사람이 한 병만 가져갈 수 있습니다.

按规定，一人只能带一瓶酒。

Àn guīdìng, yì rén zhǐnéng dài yì píng jiǔ.

A 우리 부부가 각 한 병씩 가져가는 겁니다.

我们夫妻俩各带一瓶。

Wǒmen fūqī liǎ gè dài yì píng.

B 그럼 문제 없습니다.

那没问题。

Nà méiwèntí.

3 물품 신고

A 신고할 물품이 있습니까?

有没有要申报的东西?
Yǒu méiyǒu yào shēnbào de dōngxi?

B 네. 카메라 한 대를 신고하려고 합니다.

有，我要申报一台照相机。
Yǒu, wǒ yào shēnbào yì tái zhàoxiàngjī.

B 아니요. 신고할 것이 없습니다.

没有，我没什么申报的。
Méiyǒu, wǒ méi shénme shēnbào de.

1. 카드 만들기

2. 환전하기

3. 각국의 통화

◎ **체크카드를 만들고 싶습니다.**

我要办张借记卡。
Wǒ yào bàn zhāng jièjìkǎ.

◎ **신용카드를 만들고 싶습니다.**

我要办张信用卡。
Wǒ yào bàn zhāng xìnyòngkǎ.

◎ **할인카드를 만들고 싶습니다.**

我要办张优惠卡。
Wǒ yào bàn zhāng yōuhuìkǎ.

◎ **적립카드를 만들고 싶습니다.**

我要办张积分卡。
Wǒ yào bàn zhāng jīfēnkǎ.

◎ **환전은 어느 창구에서 하죠?**

在哪个窗口兑换?
Zài nǎ ge chuāngkǒu duìhuàn?

◎ **다른 나라 화폐도 바꿀 수 있나요?**

别的货币可以换吗?
Biéde huòbì kěyǐ huàn ma?

◎ **그럼 여행자수표도 바꿀 수 있나요?**

那么旅行支票也可以换吗?
Nàme lǚxíngzhīpiào yě kěyǐ huàn ma?

◎ **죄송합니다. 한국 돈은 바꿀 수 없습니다.**

不好意思，韩币不能兑换。
Bùhǎoyìsi, hánbì bù néng duìhuàn.

◎ **중국 인민폐**

人民币
Rénmínbì

◎ **한국 원화**

韩元 / 韩币
Hányuán / Hánbì

◎ **미국 달러**

美元 / 美金
Měiyuán / Měijīn

◎ **일본 엔화**

日元 / 日币
Rìyuán / Rìbì

◎ **대만 달러**

台元 / 台币
Táiyuán / Táibì

◎ **홍콩 달러**

港元 / 港币
Gǎngyuán / Gǎngbì

◎ **영국 파운드**

英镑
Yīngbàng

◎ **호주 달러**

澳元
Àoyuán

쇼핑

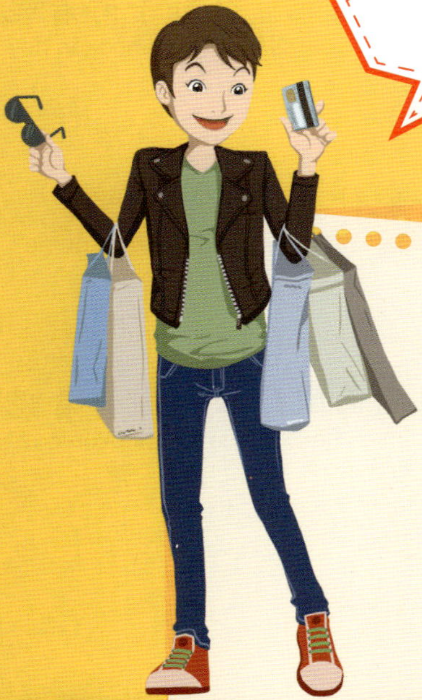

◎ **이 셔츠에는 어떤 바지를 입으면 어울릴까요?**

这件衬衫配什么裤子好看呢?
Zhè jiàn chènshān pèi shénme kùzi hǎokàn ne?

◎ **이 캐주얼 양복 정장에는 어떤 신발을 신으면 어울릴까요?**

这套休闲西服配什么鞋子好看呢?
Zhè tào xiūxián xīfú pèi shénme xiézi hǎokàn ne?

◎ **이 치마에는 어떤 셔츠를 입으면 어울릴까요?**

这件裙子配什么衬衫好看呢?
Zhè jiàn qúnzi pèi shénme chènshān hǎokàn ne?

◎ **이 코트 안에는 어떤 옷을 입으면 어울릴까요?**

这件大衣里面配什么衣服好看呢?
Zhè jiàn dàyī lǐmiàn pèi shénme yīfu hǎokàn ne?

◎ **이 신발이 정장에 어울리나요?**

这双鞋配正装合适吗?
Zhè shuāng xié pèi zhèngzhuāng héshì ma?

◎ **이 신발이 캐주얼 의상에 어울리나요?**

这双鞋配休闲装合适吗?
Zhè shuāng xié pèi xiūxiánzhuāng héshì ma?

◎ **이 신발이 청바지에 어울리나요?**

这双鞋配牛仔裤合适吗?
Zhè shuāng xié pèi niúzǎikù héshì ma?

◎ **이 하이힐이 미니스커트에 어울리나요?**

这双高跟鞋配迷你裙合适吗?
Zhè shuāng gāogēnxié pèi mínǐqún héshì ma?

◎ **이 핸드백이 원피스에 어울리나요?**

这款手提包配连衣裙合适吗?
Zhè kuǎn shǒutíbāo pèi liányīqún héshì ma?

◎ **제가 셔츠 코디해드릴게요.**

我来帮您搭配件衬衫吧。
Wǒ lái bāng nín dāpèi jiàn chènshān ba.

◎ **제가 넥타이 코디해드릴게요.**

我来帮您搭配条领带吧。
Wǒ lái bāng nín dāpèi tiáo lǐngdài ba.

◎ **제가 외투 코디해드릴게요.**

我来帮您搭配件外套吧。
Wǒ lái bāng nín dāpèi jiàn wàitào ba.

◎ **제가 바지 코디해드릴게요.**

我来帮您搭配条裤子吧。
Wǒ lái bāng nín dāpèi tiáo kùzi ba.

4 재료나 재질 묻기

A   이건 어떤 원단으로 만든 건가요?

这是用什么面料做的?
Zhè shì yòng shénme miànliào zuò de?

B   100% 양가죽입니다.

纯羊皮的。
Chún yángpí de.

B   100% 면입니다.

纯棉的。
Chún mián de.

B   60%는 면이고, 40%는 폴리에스테르입니다.

60%是棉的，40%是涤纶的。
Bǎifēnzhī liùshí shì mián de, bǎifēnzhī sìshí shì dílún de.

◎ 10만원 구매 시 사은품을 드립니다.

满十万，我们送赠品的。
Mǎn shíwàn, wǒmen sòng zèngpǐn de.

◎ 한 개를 사시면 한 개를 더 드립니다.

买一送一。
Mǎi yī sòng yī.

관광중국어마스터

기본편

지은이 박재승
펴낸이 정규도
펴낸곳 (주)다락원

기획·편집 오혜령, 이상윤, 한은혜
표지 디자인 구수정
내지 디자인 김나경, 최영란
일러스트 김진용
녹음 于海峰, 赵丽娟, 허강원

다락원 경기도 파주시 문발로 211
전화 (02)736-2031(내선 250~252/내선 430, 435)
팩스 (02)732-2037
출판등록 1977년 9월 16일 제406-2008-000007호

www.darakwon.co.kr

다락원 홈페이지를 방문하시면 상세한 출판 정보와 함께 동영상 강좌, MP3 자료 등 다양한 어학 정보를 얻으실 수 있습니다.